Islami(sti)sche Erziehungskonzeptionen

Drei Fallbeispiele aus Baden-Württemberg

von

Assia Maria Harwazinski

Tectum Verlag
Marburg 2005

Harwazinski, Assia Maria:
Islami(sti)sche Erziehungskonzeptionen.
Drei Fallbeispiele aus Baden-Württemberg.
/ von Assia Maria Harwazinski
- Marburg : Tectum Verlag, 2005
ISBN 978-3-8288-8807-4

© Tectum Verlag

Tectum Verlag
Marburg 2005

Inhalt

VORWORT 5

FALLBEISPIEL 1 13
„Unser Praxishandbuch. Muslimische Kinder in
Stuttgarter Tageseinrichtungen für Kinder"

FALLBEISPIEL 2 23
Vortrag von Dr. Adnan Aslan, Institut für islamische
Erziehung, Stuttgart, zu Erziehungsfragen

Die Konflikte muslimischer Schüler mit den genannten
Zielen einer öffentlichen Sexualkunde in deutschen Schulen 33

FALLBEISPIEL 3 47
Pädagogisches Konzept des Halima Kindergarten e. V.,
Tübingen

FAZIT 61

Zur Problematik des Islamischen Religionsunterrichts 64
Die Problematik des koedukativen Sexualkundeunterrichts 72

LITERATUR 87

Vorwort

Es ist nichts Neues, dass religiöse Gruppierungen außerhalb der staatlich verankerten (und aufgrund der „hinkenden" Trennung von Staat und Kirche geförderten), offiziell anerkannten christlichen Großkirchen, nach Mitbestimmung, Einführung von Religionsunterricht und Berücksichtigung ihrer religiösen Interessen in staatlichen Erziehungsanstalten verlangen. Jedoch ist dieser Ruf lauter und die Artikulierung der Wünsche detaillierter und ausdifferenzierter geworden, die Argumentation, zumindest rhetorisch, besser. Am Beispiel dreier islamischer Institutionen, die auch jeweils eine spezielle Richtung vertreten, soll im folgenden dargestellt werden, wo sich Problemzonen und Konfliktlinien mit dem säkularen zivilen Rechtsstaat der bundesrepublikanischen Gesellschaft und ihrer Rechtsordnung ergeben. Diese Probleme bewegen sich, wie sich herauskristallisiert, insbesondere in dem Spannungsfeld zwischen der durch Artikel 4 des Grundgesetzes der BRD gewährten „Religionsfreiheit" und dem Grundrecht der „Gleichberechtigung der Geschlechter" sowie dem Verständnis und dem Schutz des Individuums und berühren im extremsten Fall die die Religionsfreiheit in der Praxis einschränkenden Strafgesetze. Hierbei ist anzumerken, dass der Umgang mit dem durch das Grundgesetz gewährten Gleichberechtigungs- bzw. Gleichstellungsgrundsatz beider Geschlechter sowie die Rechte des Kindes, die seinem Schutz, seiner demokratischen Erziehung und der Entwicklung seiner Persönlichkeit und dem Erhalt seiner Würde dienen, ein besonderes Problem darstellen. Bei dem untersuchten Schrifttum handelt es sich zum einen um das „Praxishandbuch für muslimische Kinder in Stuttgarter Tageseinrichtungen für Kinder" des Dialog-Forums Stuttgart e. V., die der Bewegung der Nurcus zugehört, zum anderen um einen Kindergartenantrag des „Islamischen Vereins e. V.", Tübingen, des deutsch-muslimischen Heilpraktikers Süleyman Böhringer sowie um eine ausführliche Stellungnahme[1] des türkischen Pädagogen Dr. Adnan Aslan vom „Institut für islamische Erziehung" oder auch „Islamisch-Pädagogisches Institut", Stuttgart. Die Mitgliedschaft der

---

1   Adnan Aslan, Geschlechtserziehung in den öffentlichen Schulen und die islamische Haltung. Schriftenreihe zur islamischen Erziehung Bd. 1, hrsg. Vom Institut für islamische Erziehung/Islamisches Sozialdienst- und Informationszentrum e. V., Stuttgart, 1996.

Nurcu-Gruppe „Dialog-Forum e. V."² und des „Institut für islamische Erziehung" im Islamrat Deutschland kann als gesichert gelten,³ beim Kindergarten des „Islamischen Verein e. V.", Tübingen, ist die Zugehörigkeit zu einem Dachverband unklar. Der „Islamische Verein e. V.", Tübingen, hat inzwischen Informationsbroschüren für Kliniken übersetzt, so z. B. die Universitätsfrauenklinik Tübingen, und versucht auch, neben Übersetzungsarbeit seelsorgerische Dienste für muslimische Patienten anzubieten, was zum Teil mit Unbehagen bzw. Misstrauen betrachtet wird.⁴

Die Frage, ob und was diese Bestrebungen islamischer Gruppen denn nun mit Politik zu tun haben und somit als „islamistisch"⁵ zu bewerten sind, wenn sie spezielle islamische Kindergarten- oder Schul-Erziehungskonzeptionen ausarbeiten und bei den staatlichen Behörden einreichen, um Einflussnahme und Fördergelder für ihre Interessen zu beantragen, ist sehr einfach und schnell häufig mit „Ja" und „Einiges" zu beantworten. Die ursprüngliche Bedeutung von „Politik" ist zunächst „Kunst der Staatsverwaltung" mit den beiden Interpretationsmöglichkeiten „1. auf die Durchsetzung bestimmter Ziele bes. im staatlichen Bereich u. auf die Gestaltung des öffentlichen Lebens gerichtetes Handeln von Regierungen, Parlamente, Parteien, Organisationen o. ä." und „2. berechnendes, zielgerichtetes Verhalten, Vorgehen",⁶ was sich auf sämtliche Bereiche des Staates beziehen kann, also auch Kindergärten und Schulen. Das Wort „Islam" bedeutet in seinem Grundsinn „Unterwerfung unter den Willen Gottes". Dies kann heißen: Jemand unterwirft sich indi-

---

2   Das „Dialog-Forum e. V.", Stuttgart, gehört zur Jama'at an-Nur und damit zum von Milli Görüs dominierten Islamrat für die Bundesrepublik Deutschland.

3   Vgl. Islamrat für die Bundesrepublik Deutschland – Selbstdarstellung/Mitgliedsverbände; Internet http://www.islamrat.de/selbstd/mitglied.html vom 12.08.2002.

4   So die Auskunft eines Sozialarbeiters der Universitätskinderklinik Tübingen im Gespräch. Auch der Autorin ist die Zielsetzung dieses Unterfangens unklar, wobei gegen die Übersetzung von Patientenbroschüren in verschiedene Sprachen nichts einzuwenden ist. Dies stellt für die Patientenaufklärung eher eine gute Hilfestellung für Ärzte und Pflegeteam bei der Patientenaufklärung dar.

5   Zur Definition von Islamismus vgl. Heinz Halm, Der Islam. Geschichte und Gegenwart. C. H. Beck München, 4. Auflage 2002, S. 84ff. sowie Assia Maria Harwazinski, „Fundamentalismus/Rigorismus" Metzler-Lexikon Religion, Bd. 1, Stuttgart 1999, S. 427ff.

6   Definition aus: Duden – Das Große Fremdwörterbuch, S. 1084.

viduell unter den Willen Gottes und ist gläubig, praktiziert als frommer Muslim also die fünf Grundpflichten des Islam: Das Glaubensbekenntnis, das Beten, das Fasten im Ramadan, die Almosenpflicht, die Pilgerfahrt. All dies ist für einen individuell Gläubigen auch auf nichtislamischem Gebiet kein Problem, denn ein Muslim kann in der BRD sein Glaubensbekenntnis ablegen, er kann beten (wenn auch nicht überall fünfmal täglich problemlos rituell, wofür im übrigen eine druckfrische Zeitung als Unterlage ausreicht, um die rituelle Reinheit zu erfüllen), er kann den Ramadan einhalten, seine Almosenpflicht erfüllen und seinen Urlaub für die Pilgerfahrt in Anspruch nehmen. Kein Muslim wird in diesem Land gezwungen, Schweinefleisch zu essen und jeder männliche Muslim hat die Möglichkeit, sich bei einem Arzt oder im Krankenhaus beschneiden zu lassen, wenn auch in der Regel durch private Deckung der Kosten.[7] Individuell kann folglich jeder Muslim in diesem Land weitgehend problemlos seine fünf religiösen Grundpflichten flexibel erfüllen, was – ohne größere institutionelle Infrastruktur - einem säkular praktizierten Islam entspricht. Wenn die Umsetzung des Islam zur Folge hat, im Koran und in den juristisch-islamischen Werken der Sunna und des Hadit nach der Ausdeutung einzelner Koranverse zu suchen, um sie praktisch umzusetzen, ist dies bereits teilweise praktizierte Scharia, also islamisches Gesetz. Insofern kann festgelegt werden, dass jeder Entwurf einer institutionalisierten explizit islamischen Erziehung, die von ihren Richtlinien, Wegen und Erziehungszielen her sich an den Grundlagen von Koran, Sunna und Hadit orientiert, bereits politischer Islam bedeutet, der über die individuelle Erfüllung der religiösen Pflichten deutlich hinausgeht: Es geht um organisierte Religion. Bei islamischen Erziehungskonzeptionen, die sich an Koran, Sunna und Hadit sowie eventuell an weiteren, ausdifferenzierteren Rechtswerken orientieren, geht es bereits um die Umsetzung des islamischen Staates bzw. der islamischen Gesellschaft, die weit über die Praxis individueller islamischer Religiosität bzw. Frömmigkeit hinausgeht und die unter anderem weitgehend auf einer rigorosen Geschlechtertrennung in der Öffentlichkeit basiert; in den Erziehungskonzeptionen islamischer Gruppen ist die frühzeitige Erziehung zur Geschlechtertrennung mehrheitlich ein Hauptanliegen. Zugleich widerspricht diese Konzeption islami-

---

7 Sinnvollerweise decken die staatlichen Krankenkassen keine medizinischen Eingriffe aus religiöser Motivation, sondern nur medizinisch notwendige. Im Fall einer bestehenden Phimose ist die Kostendeckung der Beschneidung seitens der Krankenkasse selbstverständlich.

scher Erziehungsideale den vorhandenen Ansätzen in der islamischen Philosophie, beispielsweise bei Ghazali, das Prinzip des „taqlid", also die „Nachahmung", zu vernachlässigen und stattdessen Neues zu entwickeln und dem Prinzip des „igtihad" zu folgen, um die (islamische) Gesellschaft voranzubringen.[8] Dies ist insofern interessant, als sich gerade islamische Erziehungskonzeptionen in bezug auf die Frau häufig ebenso auf denselben Ghazali und seine Anweisungen für eine islamische Sexualethik beziehen – so beispielsweise Dr. Adnan Aslan in seiner obenerwähnten Stellungnahme.[9]

Wenn sich als zentrales Merkmal der Globalisierung die *Gleichzeitigkeit des Ungleichen* herauskristallisiert hat, macht sich dies selbstverständlich auch und ganz besonders in der Erziehung bemerkbar.[10] Daher erscheint es berechtigt, in der gesamten Interkulturalitäts- und Integrationsdebatte in der BRD das Augenmerk auf islami(st)ische Erziehungskonzeptionen der Gegenwart bzw. hierzulande zu richten, da hier die gesellschaftlichen Grundlagen für eine Funktion oder Dysfunktion der Bürgergesellschaft gelegt werden. Im Hinblick auf die Globalisierung interessieren in diesem Bereich insbesondere Konsummuster, Lebensstile und kultureller Einfluss der neuen (und anderer) Medien mit ihrer Tendenz zur Vereinheitlichung. Ein zentrales Augenmerk liegt auf den Punkten, wo ein islamisches Konzept in Widerspruch zum säkularen Erziehungskonzept gerät; dies dürfte mehrheitlich bzw. grundsätzlich der Fall sein, da sich traditionell-religiöse Wertkonzepte i m m e r von säkular-zivilrechtlichen unterscheiden. Das liegt in der Natur der Sache. Spannend wird es, wenn sich selbst „islamisch" definierende Konzepte Wertvorstellungen aus dem nicht-islamischen bzw. säkular-zivilrechtlichen Bereich einverleiben, was ähnlich häufig geschehen dürfte wie im christlichen Bereich.

Der Knackpunkt in der gesamten Auseinandersetzung mit dem Islam in der BRD wird von Axel Stöbe wie folgt zusammengefasst: „Das zentrale Konfliktfeld für Muslime und Nicht-Muslime in Eu-

---

8 Vgl. hierzu Adel el-Baradie (1983), Gottes-Recht und Menschen-Recht Grundlagenprobleme der islamischen Strafrechtslehre, Baden-Baden, S. 82ff.
9 ders. A.a.O., S. 39, 45, 46 und anderswo.
10 Vgl. hierzu die Einleitung von Christoph Wulf/Christine Merkel (Hrsg.) „Die globale Herausforderung der Erziehung" in: Globalisierung als Herausforderung der Erziehung. Theorien, Grundlagen, Fallstudien. Münster/New York/ München/Berlin, 2002.

ropa ist demnach das Aufeinandertreffen eines religiös gebundenen Selbstverständnisses und eines säkularen. Die Auseinandersetzung um Demokratie und Menschenrechte sind Konkretionen dieser kulturellen Spannung. Und als Teil der Spannung sind demokratische Grundrechte zu nennen, zum Beispiel die Gleichberechtigung von Mann und Frau, die Freiheit des Glaubens und Freiheit der Meinungsäußerung. ...Die Europäer stehen vor der Herausforderung, für sich zu klären, welche Werte und damit verbundene Normen trotz kultureller Vielfalt überall vertreten werden sollen (Kultur-Universalismus) und welche Werte und Normen vom kulturellen Kontext abhängig sind (Kultur-Relativismus)."[11] Mit dieser Auseinandersetzung ist gemeint, dass Kultur-Universalisten die Menschenrechte als Naturrecht des Individuums kulturübergreifend verstehen, während Relativisten sie in Verbindung mit einer historisch gewachsenen Kultur in einer bestimmten Region verstehen, so dass Variationen im Verständnis möglich sind. Die Autorin begreift sich im Prinzip als zu den Kultur-Universalisten gehörig, erkennt aber die Notwendigkeit einer gewissen elastischen Dehnung des Verständnisses an – allerdings in Grenzen, die von der Verfassung der UN-Menschenrechte und dem Säkularismus selbst gesetzt werden.[12]

Wir können davon ausgehen, dass die Kinder und Jugendlichen aus Migrantenfamilien in der BRD in der Regel zweisprachig und, zumindest teilweise, bikulturell aufwachsen und erzogen werden: In der Familie wird häufig die Muttersprache vorrangig gesprochen, Kochrezepte, Kleidungsstil, Freizeitbeschäftigungen, Religiosität wird zunächst weitgehend durch die Herkunftstradition bestimmt. Die ersten „Brüche" entstehen spätestens im Kindergarten, dann in der Schule, wo die Kinder in gemischtem Milieu in der Hauptsprache Deutsch nach hiesigen Richtlinien und Lehrplänen unterrichtet werden. Diese „Brüche" können durchaus als Bereicherung empfunden werden und sind dann keine „Brüche" mehr; auch dies wird vorrangig und stark von der Herkunftsfamilie bestimmt, ob und wieweit sie sich öffnet und den nicht-familiären Raum als „feindselig" empfindet usw. Im gesamten Erziehungsbereich gilt: „Wo Ein-

---

11 Axel Stöbe, Die Bedeutung des Islam im Sozialisationsprozeß von Kindern türkischer Herkunft und für Konzepte interkultureller Erziehung, S. 67.
12 Vgl. hierzu Heiner Bielefeldt, Philosophie der Menschenrechte. Grundlagen eines weltweiten Freiheitsethos, S. 185ff.

wanderungs- und Sozialpolitik versagen, kann Pädagogik nicht an deren Stelle treten."[13]

Genau in diesem Spektrum bewegt sich die Problemstellung der folgenden Fallbeispiele, die unter anderem darstellen, wo auf islamischer Seite – und manchmal auch auf christlicher – die Vorgaben und Richtlinien hiesiger Lehrpläne und erzieherischer Leistung ein Terrain als „feindselig" empfunden wird, da es die traditionellen Herkunftsrichtlinien in Frage stellt bzw. mit ihnen bricht. Dies gilt insbesondere für den Bereich der Sexualerziehung, aber auch für musische Fächer, Biologie, Sport, Schwimmen, denn dies sind die Fächer, in denen erfahrungsgemäss fundamentalistische Wertvorstellungen in Widerspruch zu offenen, säkular-zivilen Werten und Handlungsweisen geraten. Genau hier müssen Handlungsspielräume zur Lebensbewältigung offen gehalten werden bzw. die Handlungsfähigkeit der Einheimischen geschult werden, um mit kulturellen Irritationen umzugehen[14] – und ggfls., wo es notwendig erscheint, auch Grenzen für die Zuwanderungsgesellschaft gesetzt werden. Diese Grenzen müssen dort gesetzt werden, wo sich der offenkundige Gegensatz zwischen „bösem Westen" und „gutem Islam"[15] verschärft zeigt. Dies geschieht nun sehr schnell im islamischen Kontext, da sich der Islam in seinem Selbstverständnis als „Vollendung der Prophetie" versteht und das Christentum nach islamisch-traditioneller Auffassung bereits als Verfallserscheinung bzw. „Verfälschung" der reinen Urreligion gilt, jedenfalls als unvollkommen. Eine besonders starke Rolle spielt dies in nativistisch-islamischen Bewegungen, die ursprüngliche islamische Ideale und Wertvorstellungen wiederbeleben wollen, um sie dem „dekadenten Westen" als Alternative entgegenzustellen und dadurch muslimische Jugendliche zu ihrer Religion und deren Werten und Vorgaben „zurückzuführen". Auch hier wird nochmals die Bedeutung von unterschiedlich religiös geprägten bzw. kollidierenden Erziehungskonzeptionen deutlich, da genau hier Werte und Wertkollisionen vermittelt werden können und zum Teil auch werden.

---

13 Wolfgang Schröer/Stephan Sting, Gespaltene Migration und interkulturelle Pädagogik, S. 111, in: Christoph Wulf/Christine Merkel (Hrsg.), Globalisierung als Herausforderung der Erziehung. Theorien, Grundlagen, Fallstudien, a.a.O.

14 Wolfgang Schröer/Stephan Sting, a.a.O., S. 111f.

15 Vgl. hierzu Levent Tezcan, Der Westen im türkischen Islamismus. In: Politisierte Religion, hrsg. von Heiner Bielefeldt und Wilhelm Heitmeyer, Suhrkamp 1998.

Als Autorin begebe ich mich hier nun auf ein Terrain, das nicht meiner primären wissenschaftlichen Ausbildung entspricht, in der Pädagogik keine Rolle spielte. Da nun aber ein Freund von mir, der selbst Pädagogik studierte, einmal zu mir sagte: „Pädagogik ist ein Laberfach", erlaube ich mir als Fachfremde, mich zu diesem Thema auszulassen, da ich inhaltlich von meinen Studienfächern her Anknüpfungspunkte habe. Immerhin habe ich die Pädagogik vonseiten ihrer Fachvertreter bis jetzt häufig als Fach kennen gelernt, in welchem Menschen ohne eigene Kinder sich qualifiziert darüber auslassen, wie mit Kindern und Jugendlichen umzugehen sei, um sie zu mündigen Erwachsenen zu erziehen. Da auch Eltern in der Regel keine pädagogische Ausbildung haben, bevor sie Kinder in die Welt setzen, nehme ich mir die Freiheit, mich dem Kreis derer anzuschließen, die über Kindererziehung reden bzw. schreiben, ohne „vom Fach" zu sein. Als kleine amüsierende Anmerkung sei hinzugefügt, dass es inzwischen Seminare für Eltern zum „Erziehen üben!" gibt – in Hamburg angeboten von einer kinderlosen, ehemaligen Lehrerin, die unter ihren Teilnehmern auch sozialpädagogisch ausgebildete Eltern hat, die sich irgendwann zum Kind entschlossen, sich das Ganze „harmonisch und fruchtbar" vorstellten und nach zwei Jahren mit Kind „total aufgefressen und superunglücklich" waren; Diagnose: „Wir gehen hier vor die Hunde!"[16]

---

16 Iris Mainka „Erziehen üben"! in: Die ZEIT Nr. 44 vom 21. Oktober 2004, S. 17.

Fallbeispiel 1

"Unser Praxishandbuch. Muslimische Kinder in Stuttgarter Tageseinrichtungen für Kinder". Ein Projekt der Landeshauptstadt Stuttgart in Zusammenarbeit mit den Fachberatungen der kirchlichen und städtischen Einrichtungen, ErzieherInnen und Eltern aus islamischen Vereinen. Herausgegeben von der Religionsgemeinschaft des Islam – Landesverband Baden-Württemberg e. V. – Dialog-Forum, Stuttgart (Nurcus).

Die Idee zu diesem Projekt entstand bereits 1994, wurde 1997 durchgeführt und im Winter 1998 verabschiedet. Das Projekt wurde durch EU-Kommissionsgelder im Rahmen des Projektes „Partizipation/Förderung staatsbürgerlicher Kultur in einer multikulturellen Stadtgesellschaft" gefördert (finanziell) und mit Unterstützung des Ausländerbeauftragten der Landesregierung von Baden-Württemberg durchgesetzt; es gilt als „...weiteres Produkt der bewährten Stuttgarter Integrationspolitik".[17] Beteiligt waren islamische Vereine, katholische und evangelische sowie städtische Einrichtungen und deren Fachvertreter. Ausgangssituation für dieses Projekt war die Tatsache von etwa 5000 Kindern bis 7 Jahren mit islamischer Religionsangehörigkeit in Stuttgart, die zumeist städtische oder kirchliche Einrichtungen besuchen. Das Problem wird beschrieben als „Sie müssen sich in zwei Kulturen zurechtfinden."[18] Damit wird nicht nur die Schwierigkeit der Kinder und ErzieherInnen angesprochen, sondern die Entstehung bzw. Existenz einer Parallelgesellschaft angedeutet. Hauptanliegen der muslimischen Eltern ist der Wunsch „...daß die Religion und Kultur der Kinder im Kindergartenalltag mehr Berücksichtigung findet, z. B. bei muslimischen Feiertagen. Unsere Arbeit und unser Dialog hat hier angesetzt. Es soll zu einem besseren Verstehen und Verständnis muslimischer Kinder und deren Eltern beigetragen und über das miteinander Arbeiten und Nachdenken ein Klima des gegenseitigen Vertrauens und der Ak-

---

17 So die Stuttgarter Bürgermeisterin Gabriele Müller-Trimbusch im Vorwort zum Praxishandbuch. S. 2: http:/home.t-online.de/home/dialog.forum/ph vom 12.08.2002. Sämtliche folgenden Angaben zum Praxishandbuch beziehen sich auf die Internetausgabe; die Druckversion liegt der Autorin ebenfalls vor.

18 a. a. O., Praxishandbuch S. 1/Einleitung.

zeptanz geschaffen werden."[19] Dieser Ansatz ist zunächst begrüßenswert und entspricht auch in der Teilnehmerschaft dem angestrebten Ziel der Partizipation und Förderung staatsbürgerlicher Kultur in der multikulturellen Gesellschaft. Aufgrund bestehender unterschiedlicher Wert- und Wunschvorstellungen verliefen die Gespräche nicht immer einfach und harmonisch; es bewegte sich also etwas in Form von Auseinandersetzung. Außerdem wurden 1995 und 1996 Fortbildungen für die Erzieher und Erzieherinnen vonseiten der muslimischen Vertreter durchgeführt, die über Referate einen „Einblick in die Grundlagen des Islam im Allgemeinen und im Speziellen über das Alevitentum" sowie einen „Überblick über „Frau, Mann und Familie im Islam" und auch über das „Familienbild in der Türkei" erhielten.[20] Dies entspricht dem von der „Religionsgemeinschaft des Islam – Dialog-Forum e. V." postulierten Grundsatz, dass „Kennenlernen der erste Schritt für Freundschaft und Vertrauen" sei; Gebet und Friede stehen im Vordergrund: „Deshalb bewirkt Religion nur Gutes".[21] Dies entspricht dem klassischen Selbstverständnis nicht nur der Gruppe der Nurcus, sondern der meisten, auch nichtislamischen religiösen Gruppen.[22] Das Inhaltsverzeichnis gibt einen Überblick über die behandelten Themen: „Religion und Brauchtum", „Feste feiern", „Zusammenarbeit mit Eltern", „Sprachführer", „Rezepte", „Medien".

Beginnend mit dem Kapitel „Religion und Brauchtum" soll dargestellt werden, wo sich Konfliktlinien zur bestehenden deutschen Zivilgesellschaft herauskristallisieren. Die Nurcus sind reflektiert genug, um diese Konfliktlinien selbst anzusprechen und dennoch Toleranz im Vordergrund stehen zu lassen. Es wird auf die Verunsicherung muslimischer Eltern in bezug auf die Einhaltung von Reinheitsgeboten, Speisegeboten und Bekleidungsfragen hingewiesen und zugleich angemerkt: „Festzuhalten gilt, dass es einen Sollzustand gibt, ein Ideal, das von der Religion her geleitet wird, und zum anderen den Ist-Zustand im täglichen Leben. Aus mangelhafter Kenntnis werden oft Gewohnheiten religiös begründet, obwohl sie

---

19 a. a. O., S. 1/Einleitung.
20 a. a. O., S. 2/Einleitung.
21 http://home.t-online.de/home/dialog.forum, S. 1 "Willkommen bei der Religionsgemeinschaft des Islam – Landesverband Baden-Württemberg e. V."
22 Das dem in der Realität in der Regel häufig nicht so ist, braucht nicht separat erläutert werden.

nichts mit Religion zu tun haben."[23] Hier wird die Kluft zwischen utopischem Ideal und bestehender Realität aus der Sicht der Nurcus angesprochen, die zugleich Begründung und Motivation für ihre Anstrengungen ist. Um Missverständnisse zu vermeiden und „fundiertes Fachwissen" exemplarisch zu dokumentieren, wird betont: „Es ist deshalb in islamischen Kreisen üblich, dass bei Aussagen zur Religion immer Quellen (1. Koran, 2., Sunna, 3. Auslegung der Rechtsschulen sowie anerkannte islamische Rechtsgelehrte und Theologen, Literatur etc.) angegeben werden."[24] Unter Angabe der koranischen Quelle wird die Toleranz in Glaubensdingen betont: „Wer will, soll glauben, wer nicht will, soll ablehnen", gemäß des koranischen Gebotes „Es gibt keinen Zwang in der Religion".[25]

Über die „Speisegebote im Islam" wird der Genuss von Alkohol und Schweinefleisch als „nicht erlaubt" abgelehnt, aber keine schariatrechtliche Strafe dafür beschrieben. Die Erklärungen hierzu sind ebenfalls eher tolerant gehalten und entsprechen koranisch-ethischer Aufforderung, beides zu vermeiden: „...das Schlechte in ihnen ist größer als der Nutzen" (in bezug auf Alkohol) und „...Wer aber gezwungen wird, ohne daß er Auflehnung oder Übertretung begeht, den trifft keine Schuld..." (in bezug auf Schweinefleisch).[26]

Interessanter sind die Aussagen im Kapitel „Reinlichkeit: Religion und Reinlichkeit". Hier wird die Gesundheits- und Hygiene-Erziehung der muslimischen Kinder in den Vordergrund gestellt und die Gepflogenheiten im Islam beschrieben, die bereits schariatrechtliche Regelungen des Alltagslebens betreffen, ohne koranische Angaben zu machen. Es wird betont, dass im Islam großer Wert auf Sauberkeit und Hygiene gelegt wird, was insbesondere das rituelle Gebet betrifft, vor dem regelmäßig bestimmte rituelle Waschungen durchgeführt werden müssen. Doch bei Kindern steht hier – neben der Beschneidung der Jungen und dem Waschen nach jedem Toilettengang - die „innere Sauberkeit" im Vordergrund. Was darunter zu verstehen ist, wird erläutert: „Ich verstehe darunter die

---

23 a. a. O., "Religion und Brauchtum", S. 1.
24 a. a. O., S. 2. Diese Feststellung besitzt eine gewisse Situationskomik insofern, als auch Islamwissenschaftler zuweilen von gläubigen Muslimen und Moscheevertretern dazu genötigt werden, die – islamwissenschaftliche - Quelle ihrer Information anzugeben, das Ganze also andersrum stattfindet.
25 a. a. O., S. 2. Das schariatrechtliche Problem der Apostasie im Islam wird – bewusst oder unbewusst? – vorsichtshalber ausgespart.
26 a. a. O., S. 3.

Sauberkeit des Herzens, der Zunge, des Körpers, der Kleidung, der Wohnung, der Speisen und der Arbeit."[27] Die „Sauberkeit des Herzens" wird als „Liebe zu Gott" und `Vermeidung von Neid' erläutert, die „Sauberkeit der Zunge" mit der Vermeidung schlechter Redensarten, Kränkungen und Lügen und entspricht wiederum den ethischen Grundsätzen der mystisch-naturphilosophisch-orientierten Nurcus.

Bei der Körperpflege hält man sich an die rituellen Vorschriften des Islam. Es werden nicht die empirisch stärker von der Entwicklung von Schweiß und Körpergeruch betroffenen Körperteile wie Po, Geschlechtsteile, Achseln mit Seife gereinigt, sondern „...morgens nach dem Aufstehen Hände und Gesicht gründlich mit Seife" gewaschen, der Mund ausgespült und die Nase geschnaubt. Die Fußwaschung wird, wie im Islam üblich, sehr gründlich durchgeführt, und „Mindestens einmal in der Woche..." der ganze Körper mit reichlich Seife gewaschen.[28] Daneben werden die Sauberhaltung von Kleidung und Büchern betont, was wohl auch bei Nichtmuslimen auf Wohlgefallen treffen dürfte und schlicht keine speziell islamische Wertvorstellung darstellt.

Für Nichtmuslime und Säkularisten anstößiger wird es im folgenden Kapitel über „Kleidung und Schwimmen", das zugleich für diese Analyse das interessanteste des Praxishandbuches ist.[29] Zwar wird auch hier wieder die Toleranz betont, aber die Grundlagen der Geschlechtertrennung werden bereits angesprochen: „Für Kinder im Kindergarten hat von der Religion her die Kleiderfrage – sprich Kopftuch – keine Relevanz, weil die Aussagen der Religion dazu erst ab der Pubertät gelten." Dies ist nur teilweise korrekt, auch wenn pubertierende Kinder nicht mehr den Kindergarten betreffen. Es gibt traditionell-islamische Auffassungen und Wertvorstellungen, die im religionsrechtlichen Kontext die Pubertät von Mädchen sehr früh festlegen, nämlich mit 9 Jahren. Modell hierfür ist die Lieblingsgattin des Propheten Muhammad, `A'isha, die aber ebenfalls kaum mit 9 Jahren bereits menstruiert haben dürfte, was eines der „westlichen" Kriterien für Pubertät bei Mädchen darstellt. Historisch scheint es sich eher um die nachträgliche religionsrechtliche Legitimation des Handelns des Propheten im Zusammenhang mit

---

27   a. a. O., S. 5.
28   a. a. O., S. 6.
29   a. a. O., S. 7f.

dieser auch für beduinische Verhältnisse ungewöhnlich frühe Eheschließung zu handeln.

Silvia Tellenbach hat in ihren Untersuchungen über die „Strafgesetze der Islamischen Republik Iran" nachgewiesen, dass die Festlegung der Pubertät im Islam zum Teil deutlich früher als im sogenannten „westlichen" Kulturkreis und bei beiden Geschlechtern unterschiedlich geschieht: Bei Mädchen wird die Geschlechtsreife im islamischen Recht generell mit 9 Jahren, bei Jungen mit 15 Jahren festgelegt.[30] Hier besteht also eine unerschöpfliche Quelle „kultureller Missverständnisse", wenn bei den beteiligten Gesprächspartnern vorher nicht klar definiert wurde, was man unter „Beginn der Pubertät" denn tatsächlich jeweils versteht.

Außerdem zeigt sich wieder einmal die Uneinigkeit der islamischen Rechtsauslegung, die in der Regel kasuistisch vorgeht und deren verschiedene Schulen durchaus in Manchem voneinander abweichen; sonst gäbe es sie ja nicht. – Im Praxishandbuch heißt es weiter: „Ein gewisses Maß an Kleidung, die die Geschlechtsteile bedeckt, ist aber auch bei Kindern anempfohlen. Kinder entwickeln ab einem bestimmten Alter ein natürliches Schamgefühl, das geachtet und nicht unterbunden werden soll. Die Bekleidung soll auch ihrem Schutz dienen." Keine Berücksichtigung findet die Realität der frühkindlichen Sexualität, die zweifellos universell vorhanden ist. Im folgenden erscheinen im Handbuch Aussagen, an denen sich innerhalb der türkisch-islamischen Gemeinde und darüber hinaus bei Vorlage des Erstentwurfs die Gemüter entzündet hatten: „Was als erotisch reizvoll bei Erwachsenen empfunden wird, ist es auch bei Kindern". Auf diese Art und mit Aussagen wie: „Kinder haben das gleiche, was Erwachsene auch haben" oder „Das nackte Bein der Tochter sieht genauso aus wie das nackte Bein einer fremden Frau" wird dies in den islamischen Quellen ausgedrückt.[31]

Leider werden im Praxishandbuch diese erwähnten islamischen Quellen in diesem Fall *nicht* genannt, was umso prekärer ist, als es sich bei den vorgenannten Beispielen eindeutig um pädophile Aussagen handelt. Diese sind nun in nach aussen hin sexuellrestriktiven Kreisen nichts Ungewöhnliches, wie nicht zuletzt die zahlreichen, inzwischen international bekannt gewordenen Bei-

---

30 Silvia Tellenbach (1996), Strafgesetze der islamischen Republik Iran, Max-Planck-Institut für ausländisches und internationales Strafrecht, Freiburg i. Br. S. 42, Anmerkung 10.
31 a. a. O., S. 7.

spiele der katholischen Kirche zeigen, deren Ruf dadurch etwas gelitten hat.[32] Zugleich ist der nach aussen restriktive Umgang mit Sexualität in streng-religiösen Kreisen nichts Ungewöhnliches. Er scheint durchgängig ein Merkmal fundamentalistischer Orientierung zu sein und geht in der Regel mit der Festlegung der Rolle der Frau sowie der Kontrolle über deren Sexualität einher, und dies meist schon in mehr oder weniger zartem Mädchenalter. Unterstrichen wird dies mit der in fundamentalistischen Kreisen aller Religionen üblichen offiziellen Ablehnung bzw. Verbot von Prostitution, Pornographie, Sexualaufklärung in Schulen und der Abtreibung, wobei die ersten beiden Bereiche auch in nicht-fundamentalistischem Kontexten in der Regel eher auf Ablehnung stoßen, jedenfalls nicht gutgeheißen werden.[33] Etwas pikant ist hier die Prostitution, denn im islamischen Bereich gibt es die Institution der „Zeitehe" (arabisch: mut'a), die einer religiös verbrämten Prostitution doch sehr nahe kommt.[34]

Im Handbuch fährt man fort: „...Ab einem bestimmten Alter sollte Sport und Schwimmen geschlechtsgetrennt stattfinden, was aber für Kindergartenkinder noch nicht relevant ist." Ab welchem Alter dies genau geschehen soll, wird nicht gesagt. Aber es erscheint den Verfassern des Handbuches sinnvoll, die Leser – sprich: die ErzieherInnen – schon einmal mit diesem Hinweis seelisch darauf vorzubereiten, was später aus islamischer Sicht der Nurcus noch kommen kann/sollte.

Wie die erwachsene Frau bzw. das Mädchen ab der Pubertät[35] sich bekleiden soll, wird nun ebenfalls erläutert: „Warum trägt frau ein Kopftuch? – Zweifellos sind es Koran und Sunna, die diese Bekleidungsform für muslimische Frauen einführen und sie dazu anleiten." Die Einwände und Bedenken bzw. andere Interpretationen von anderer Seite werden wie folgt abgewiegelt: „Wäre dies nicht so, wie manche heutzutage meinen, indem sie sagen, es wäre nur

---

32 Christian Schüle, "Sünder im Talar" in: ZEIT Nr. 20/08. Mai 2002 – Dossier.
33 Artikel "Fundamentalismus/Rigorismus" (1999) in: Metzler-Lexikon "Religion", Bd. 1, a.a.O. – Vgl. auch den Bericht im Schwäbischen Tagblatt vom 20.19.10.2004 über die fundamentalistisch-christliche Gruppe „12 Stämme" in Augsburg, die ihre Kinder nicht in den staatlichen Schulunterricht schicken, weil sie gegen Sexualaufklärung, Evolutionslehre und Biologie-Unterricht sind; deshalb stehen sie nun vor Gericht.
34 Vgl. hierzu Christian Lange „Prostitution" in Metzler-Lexikon Religion, Bd. 3, S. 75ff.
35 Vgl. Anm. 16, Tellenbach, Strafgesetze a.a.O.

eine klimabedingte Tradition der Bewohner Arabiens, die weitergetragen wurde, bleibt die Frage, warum sie dann erst der Koran und die Sunna einführen muß: „Oh Prophet, sprich zu deinen Gattinnen und deinen Töchtern und den Frauen der Gläubigen, dass sie sich in ihren Überwurf verhüllen. So werden sie eher erkannt und werden nicht verletzt... Sure 33, 59 (außerdem Sure 24,31)". Im gesamten Praxishandbuch wird nicht angegeben, welche Übersetzung des Korans vom Dialog-Forum e. V. benutzt wird bzw. ob die Übersetzung – und damit die inhaltliche Deutung - von den Verfassern selbst vorgenommen wurde. In der Islamwissenschaft wird international die philologisch-akribisch erarbeitete Übersetzung von Rudi Paret anerkannt und benutzt; dort heißt es in 33,59: „Prophet! Sag deinen Gattinnen und Töchtern und den Frauen der Gläubigen, sie sollen (wenn sie austreten) sich etwas von ihrem Gewand (über den Kopf) herunterziehen." In 24,31 heißt es bei Paret: „Und sag den gläubigen Frauen, sie sollen (statt jemanden anzustarren, lieber) ihre Augen niederschlagen, und sie sollen darauf achten, daß ihre Scham bedeckt ist (w. sie sollen ihre Scham bewahren), den Schmuck, den sie (am Körper) tragen, nicht offen zeigen, soweit er nicht (normalerweise) sichtbar ist, ihren Schal sich über den (vom Halsausschnitt nach vorne heruntergehenden) Schlitz (des Kleides) ziehen und den Schmuck, den sie (am Körper) tragen, niemand (w. nicht) offen zeigen, außer ihrem Mann, ihrem Vater, ihrem Schwiegervater, ihren Söhnen, ihren Stiefsöhnen, ihren Brüdern, den Söhnen ihrer Brüder und ihrer Schwestern, ihren Frauen (d. h. den Frauen, mit denen sie Umgang pflegen?), ihren Sklavinnen ..." usw. Dies ist inhaltlich eine gänzlich andere Übersetzung und lässt völlig andere Deutungen und andere Definitionen von „Scham" und „Ehrbarkeit" zu. Da Rudi Paret des Arabischen sowie der Kenntnis der Religion und Geschichte des Islam ausgezeichnet mächtig war, gibt es keine Veranlassung, an seiner philologisch und, soweit möglich, historisch sauber gearbeiteten Übersetzung des Koran zu zweifeln.

Es geht nun hier nicht darum, Koranexegese zu betreiben, sondern lediglich die Schwierigkeit derselben an diesem Beispiel aufzuzeigen, die zugleich ein Hinweis auf die fundamentalistische Orientierung der Nurcus ist: Der Koran wird wortwörtlich genommen, die Übersetzung nicht angegeben, die Akribie und Genauigkeit bzw. die Möglichkeit von Übersetzungsfehlern nicht realisiert, die ein Grundproblem des gesamten Umgangs mit sogenannten „heiligen Texten" in allen Religionen darstellt. Solange der Koran lediglich als *Vorlage bei der Liturgie* oder als *religiöse Erbauungsschrift* dient, mag es hier keine Probleme geben; sobald der Koran als *Rechtsquelle* dient, wird es problematisch, da er hier in Konkurrenz und Kollision zum zivilen Rechtssystem gerät. Genau hier ist folglich der Scheideweg zwischen fundamentalistischer und säkular-demokratischer Orientierung angelegt. Doch im Koran selbst wird immer wieder darauf hingewiesen, so auch bei den erwähnten Suren, dass Gott barmherzig ist und bereit zu vergeben, was immerhin auch die Nurcus betonen.

Im Praxishandbuch wird weiter ausgeführt: „Erläuterung finden diese Verse durch die Aussagen Muhammeds, wonach alles außer Gesicht, Hände und Füße zu der zu bedeckenden Aura der Frau gehört".[36] Dies ist wiederum philologisch und religionswissenschaftlich interessant. Das arabische Wort „`awra" bedeutet wortwörtlich „Blöße" bzw. „Schamzone"[37] und wird vom Dialog-Forum einfach ins Deutsche übernommen bzw. eingedeutscht, wobei es hier eher ein Begriff ist, den man aus der Esoterik-Szene kennt.[38] Dass „Gesicht, Hände und Füße" zur „Blöße" der Frau gehören, ist bereits die Interpretation des arabischen Begriffes „`awra" seitens der Rechtsgelehrten bzw. Koranexegeten.[39] Ob dies den Verfassern bewusst ist, sei dahingestellt. Die Religionsgemeinschaft des Islam e. V. beansprucht für sich einerseits, grundlegende Kenntnis des Islam zu haben und den Koran zu verstehen sowie sich quellenkritisch abzusichern, erfüllt diese selbst beanspruchten Grundsätze jedoch nicht, sondern betreibt tatsächlich eine eigene Auslegung. Für die gelebte Praxis einer kleineren religiösen Gemeinschaft mag dies nicht weiter problematisch sein – für die Inanspruchnahme der alleinigen Interessenvertretung der Gemeinschaft der Muslime ist dies jedoch nicht nur anmaßend, sondern rechtlich unzulässig.

Für die Form einer gemäßigten fundamentalistischen – sprich: islamistischen – Orientierung spricht bei den Nurcus auch hier wieder der am Ende des Kapitels betonte Grundsatz: „Es sollten die Gebote der Toleranz gelten. Wenn ein Mädchen oder eine Frau diese Regel

---

36 Praxishandbuch, a. a. O., S. 8.
37 Birgit Krawietz (1991), Die Hurma. Schariatrechtlicher Schutz vor Eingriffen in die körperliche Unversehrtheit nach arabischen Fatwas des 20. Jahrhunderts, S. 258f. Berlin.
38 Auf Esoterikmessen findet man immer wieder Angebote von "Aura-Heilung", "spiritueller Aura-Messung" usw. Es dürfte wohl am ehesten in etwa mit "Ausstrahlung" gleichzusetzen sein, manchmal vielleicht auch mit "Heiligenschein".
39 Krawietz, Die Hurma, a. a. O., S. 258f.

einhalten will, so sollte sie das tun können ohne Druck, Diskriminierung und Nachteile erfahren zu müssen. Und wenn jemand sich nicht danach richten will, so gilt das gleiche für sie. Es steht auch den Muslimen nicht zu, andere zu verurteilen, zu verachten, wenn sie Regeln der Religion nicht einhalten. Das obliegt nur Gott." –

Fallbeispiel 2

Vortrag von Dr. Adnan Aslan, Institut für islamische Erziehung, Stuttgart, zu Erziehungsfragen (Milli Görüs/Islamrat Deutschland[40], veröffentlicht 1996 als Broschüre in der Schriftenreihe zur islamischen Erziehung, Bd. 1).[41]

Der im folgenden untersuchte obengenannte Aufsatz von Dr. Adnan Aslan wurde im Internet publiziert bzw. angeboten und setzt sich mit dem Angebot des Sexualkunde-Unterrichts in bundesdeutschen Schulen auseinander. Dr. Aslan versteht sich als muslimischer Pädagoge und setzt sich unter anderem für die Berücksichtigung islamisch-religiöser Verhaltensregeln in deutschen Schulen ein. Einen gewissen Reiz birgt die Tatsache, dass das „Institut für Ökumenische Forschung" in Tübingen, Prof. Dr. Urs Baumann, bereits aktiv und ernstzunehmend mit Herrn Dr. Aslan als für den Islam und die Angelegenheiten der Muslime in Deutschland verbindlichen Ansprechpartner zusammengearbeitet hat. Adnan Aslan trat in Stuttgart auch mit der Absicht, eine islamische Grundschule zu eröffnen, hervor (und Kultusministerin Annette Schavan damit auf den Schlips bzw. Rockzipfel). Adnan Aslan beansprucht für sich und seine Arbeit die Förderung einer „islamischen-deutschen Identität".[42]

---

40 Die Zugehörigkeit zu Milli Görüs wird unter anderem bestätigt durch eine Webseite vom 29.04.2004 im Internet: Islamrat für die Bundesrepublik Deutschland – Forum-Islam 2002, 2001, 2000, 1999, 1998 1997 -, auf welcher mit Datum vom 18. Mai 2001 Dr. Adnan Aslan, Islamisch-Pädagogisches Institut, erscheint. http://www.islamrat.de/veranstaltungen.html; des weiteren auf der Internetseite http://www.islamrat.de/selbstd/mitglied.html auf Seite 5 vom 12.08.2002. Der Name von Mehmet Sabri Erbakan als Vorsitzendem von Milli Görüs (IGMG) erscheint hier gleich auf Seite 1.

41 Der Vortrag von Dr. Adnan Aslan wurde im Internet veröffentlicht unter: http://www.isiz.de/SEX.htm, vorab bereits 1996 als offizielle Broschüre der Schriftenreihe zur islamischen Erziehung, Bd. 1, Stuttgart. Alle folgenden Informationen stammen aus diesem Text, die Fußnoten beziehen sich auf beide Quellen (2002 + 1996).

42 Vgl. Utku Pazarkaya „Islamische Grundschule" in: Stuttgarter Nachrichten vom 15.03.1999.

In der Einleitung heißt es hierzu: „Die Thematisierung der Sexualität im Unterricht hebt vor allem unter muslimischen Einwanderern eine ganz besondere Rolle hervor. Muslime betrachten Sexualerziehung als eine einzig und allein den Eltern vorbehaltene Aufgabe und sie betrachten diese Art des Unterrichts an den öffentlichen Schulen als unmoralisches Handeln gegenüber ihrer Religion. (...) Kriterien und Wertmaßstäbe der schulischen Sexualerziehung entsprechen nicht der islamischen Wertorientierung."

Dagegen stellt Dr. Aslan die Richtlinien der Länder zur Sexualerziehung in der Bundesrepublik, wie sie 1968 auf einer Kultusministerkonferenz beschlossen wurden: „Die Sexualerziehung gehört zur Gesamterziehung. Sie ist das natürliche Recht der Eltern; daneben steht die Schule mit ihrem eigenständigen Auftrag zu erziehen und zu unterrichten. Die Schule unterstützt und ergänzt das Elternhaus in seinem erzieherischen Bemühen."[43] Und weiter: „Unbeschadet des natürlichen Erziehungsrechts der Eltern gehört die Familien- und Geschlechtserziehung zum Erziehungs- und Bildungsauftrag der Schule."[44]

In Kontrast hierzu stehe die Wertauffassung muslimischer Eltern, die für die Schulen – das heißt konkret immer: für die jeweils unterrichtenden Lehrer – eine besondere Herausforderung darstellt, da sie mit den „westlichen" Werten im Widerspruch stehe. Die besonderen sexualpädagogischen Probleme im Falle muslimischer Kinder lassen sich hauptsächlich festmachen am gemeinsamen Schwimmunterricht, beim Umkleiden zum Turnunterricht sowie beim koedukativen Aufklärungsunterricht.[45]

Hier klingt bereits der Wunsch nach geschlechtergetrenntem Unterricht für die betreffenden Fächer Schwimmen, Sport und Sexualkunde an, die – nach Aslan – den sensiblen Punkt markieren, an dem sich Familienrecht und Schulrecht im Falle der Muslime an einem heiklen Punkt berühren. Dies entspricht der Realität zumindest insofern, wenn es um traditionalistische bis konservativ-fundamentalistische muslimische Eltern geht.

Interessant ist im folgenden der Exkurs Aslans über „Sexualerziehung im Islam", wo es gleich zu Beginn heißt: „Der Sexualinstinkt oder Geschlechtstrieb ist nach Ansicht der gläubigen Muslime dem

---

43   a. a. O., S. 1.
44   a. a. O., S. 2.
45   a. a. O., S. 2.

Menschen von Gott geschenkt."[46] Hier wird der Unterschied insbesondere zu katholischer Sexuallehre deutlich, die eine Tendenz zur Sublimierung und Spiritualisierung des menschlichen Geschlechtstriebes hat und die Fähigkeit zur Überwindung desselben durch die Betonung der Askese sehr hoch schätzt. In scharfem Gegensatz dazu wird eine Aussage des Propheten Muhammad zitiert: „Es ist nicht zulässig, sich der Sexualität zu entziehen" – hier also das genaue Gegenteil, nämlich die scharfe Ablehnung von totaler sexueller Askese. Allerdings wird zugleich die Eingrenzung des Auslebens der Sexualität innerhalb rechtlich geregelter Beziehungen verdeutlicht: „Das sexuelle Verlangen wird als ein Grundbedürfnis des Menschen angesehen, wenn es innerhalb der ehelichen Beziehungen geschieht".[47] Adnan Aslan bezieht sich in bezug auf den Umgang und den Stellenwert der Sexualität im Islam interessanterweise auf ein Werk des islamischen Theologen und Philosophen al-Ghazali (1058-1111 a. D.),[48] der „Wiederbelebung der Wissenschaften von der Religion" (arabisch: Ihya `ulum ad-din)[49], zitiert aber wenige Zeilen weiter ebenso ein modernes Werk der lebenden marokkanischen Soziologin Fatima Mernissi mit folgenden Worten: „Der Sexualität wird neben der Befriedigung des menschlichen Instinktes und der Fortpflanzung noch eine wichtige Funktion beigefügt, sie ist nämlich Vorgeschmack dessen, was dem gläubigen Menschen im Paradies versichert ist."[50] Aslan erwähnt nicht, dass sich Fatima Mernissi in dem von ihm benutzten Werk ebenso häufig und wesentlich auf das genannte Schrifttum al-Ghazalis bezieht, das tatsächlich eine klassische Grundlage für die islamischen Ordnungsvorstellungen

---

46 Dass der Prophet Muhammad damit Zeit seines Lebens gekämpft hat, ist allgemein nichts Unbekanntes und wird unterstrichen durch eine Überlieferung seiner Lieblingsgattin `A'isha bei al-Ghazali, dass der Prophet sogar die später rechtlich vorgeschriebenen rituellen Waschungen nicht eingehalten haben soll: The Prophet used to sleep in a state of major ritual impurity having not touched water"(zitiert nach Madelain Farah, Marriage and Sexuality in Islam, S. 108; vgl. Anm. 30).
47 Aslan, a. a. O., S. 3.
48 Übs. von Madelain Farah (1984), Marriage and Sexuality in Islam. A Translation of al-Ghazali's Book on the Etiquette of Marriage from the Ihya'. University of Utah Press, (Übersetzung des 12. Buches von al-Ghazali's "Ihya' `ulum ad-din").
49 a. a. O., Quellenangabe S. 29 (türkische Übersetzung? Jedenfalls eine türkische Ausgabe aus Istanbul, 1975).
50 a. a. O., S. 4 (Zitat), Quellenangabe S. 29: Mernissi (1975), Beyond the Veil. Male-Female Dynamics in a Modern Muslim Society, New York 1975, S. 2-3.

des Sexual- und Ehelebens darstellt; allerdings zieht Fatima Mernissi aus dem Werk al-Ghazalis andere Erkenntnisse als Dr. Aslan und kommt zu deutlich anderen Einschätzungen und Interpretationen.

Aslan benutzt gleichzeitig eine Schrift des islamischen Mittelalters und der Moderne, um die positiv-bejahende Haltung zur menschlichen Sexualität im Islam darzustellen und zu untermauern und führt gleich anschließend weiter aus, „... daß sexuell frustrierte Menschen der Gesellschaft Schaden zufügen können", zieht daraus aber sofort den Schluss: „Deshalb ist eine Regelung der menschlichen Sexualität unerläßlich, denn sie gehört zwar „zu den Freuden des Alltags", führt aber auch zur *„fitna"* – also zu Aufstand, Krise und Anarchie – in der Gesellschaft, wenn man ihren Verlockungen zu ungeregelt nachgeht.[51] Aslan betont die Widersprüchlichkeit zwischen der Sexualität als „Freude des Alltags" einerseits und Sexualität als „Verursacherin von Aufstand, Krise, Anarchie" andererseits in diesen Aussagen al-Ghazalis, die – auch nach Überzeugung Aslans – in den Gesetzen des Islam und seinen Erziehungsprinzipien geregelt und gebannt werden: „Die Sexualität, die in diesem Rahmen stattfindet, ist eine *Ibada* (Gottesdienst)."[52]

Die Sexualität als Grundelement der Ehe im Islam führt bei Aslan zu der Schlussfolgerung: „Ziel der Sexualerziehung im Islam ist die Hinführung auf eine ganzheitlich harmonische Ehe. Außer dem normalen, dem natürlichen Geschlechtsverkehr in der Ehe wird keine andere Geschlechtsbeziehung von der islamischen Lehre legitimiert. Deshalb sollen Kinder die islamischen Werte erkennen und sie in ihrem Leben verwirklichen."

Die Konsequenz hieraus lautet: Alle Außereheliche, Nichteheliche gilt als „unnormal" bzw. „unnatürlich". Auch wenn Adnan Aslan es nicht ausspricht, klingt es – in Anbetracht des gesamten Textes und dem zitierten islamischen Schrifttum - in der Beschreibung des „normalen, natürlichen Geschlechtsverkehrs in der Ehe" an: Als „natürlich" und „normal" gilt lediglich und ausschließlich der Geschlechtsverkehr zwischen Mann und Frau innerhalb einer geregelten, religionsrechtlich anerkannten Ehe. Der Umkehrschluss lautet: Geschlechtsverkehr außerhalb und vor der Ehe sowie Sexualität zwischen Gleichgeschlechtlichen gilt als „unnatürlich" und „un-

---

51 Aslan, a. a. O., S. 4 sowie Broschüre/Schriftenreihe, S. 40.
52 Aslan, a. a. O., S. 5 sowie Broschüre/Schriftenreihe, S. 40.

normal" und zwangsläufig als „unislamisch". [53]Die religionsrechtliche Konsequenz daraus lautet: Ein Mensch, der gleichgeschlechtlich[54] veranlagt ist bzw. außerehelichen oder vorehelichen Geschlechtsverkehr betreibt, begeht „zina", also „Unzucht", worauf Aslan unter Berufung auf al-Ghazali auch kurz darauf hinweist und zugleich wieder den Koran als Rechtsquelle anführt.[55] –„Unzucht" im Islam zieht nach schariatrechtlichen Vorschriften eine „hadd"-Strafe nach sich, gilt also als Kapitalverbrechen und berührt damit Gottesrecht.[56] Die „hadd"-Strafen des islamischen Rechts treffen auf Vergehen zu, die aus islamischer Sicht göttliches Recht, also „sarʿ", berühren, welches ewige Gültigkeit hat und unumstößlich ist. Es gibt wohl nichts innerhalb der islamischen Religion und Kultur, wo sich der Theozentrismus so deutlich zeigt wie hier.

Hier, an diesem Punkt des Umgangs mit der Sexualität und der religionsrechtlichen Definition dessen, was als „normal" und „natürlich" im Bereich der Sexualität im Islam betrachtet wird, kristallisiert sich die fundamentalistische Position Aslans in aller Deutlichkeit heraus. Sein Anliegen, in deutschen staatlichen Schulen islamische Wertvorstellungen als Erziehungsziel zu integrieren, geht weit über bloßes ethisches Interesse hinaus, da es schariatrechtliche Interessen und Ziele spiegelt und damit im Widerspruch zur zivilen demokratischen Rechtsprechung der BRD steht. Auch die Polygamie wird von Aslan nicht konsequent abgelehnt, wie dies bei vielen säkular orientierten Muslimen der Fall ist, sondern – wenn auch eingeschränkt – anerkannt bzw. befürwortet: „Polygamie wird heute unter Muslimen gerechtfertigt, wenn nach Ansicht der Beteiligten schwerwiegende Gründe vorliegen, z. B. wenn die erste Frau kein

---

53 Diese normative Vorschrift steht in krassem Widerspruch zur gelebten Realität in allen islamisch-geprägten Ländern. Vgl. hierzu u. a. Arno Schmitt (1995), Bio-Bibliography of Male-Male Sexuality and Eroticism in Muslim Societies. Verlag Rosa Winkel, Berlin.

54 Die hanafitische Rechtsschule vertritt hierzu eine andere Lehrmeinung: Nach Abu Hanifa gilt gleichgeschlechtlicher Verkehr nicht als Unzucht im Sinne von „zina", zieht folglich nicht die „hadd"-Strafe nach sich. Vgl. hierzu Adel el-Baradie, Gottes-Recht und Menschen-Recht. Grundlagenprobleme der islamischen Strafrechtslehre. Nomos-Verlagsgesellschaft Baden-Baden, 1983, S.101f.

55 a. a. O., S. 6 sowie Broschüre/Schriftenreihe, S. 46.

56 Vgl. hierzu Tellenbach, Strafgesetze, S. 46ff.; zur Definition des Unterschieds zwischen göttlichem islamischem Recht, "sarʿ", und "fiqh" (Rechtswissenschaft) vgl. insbesondere die Einleitung und S. 29, sowie Adel el-Baradie, Gottesrecht und Menschenrecht, a.a.O.

Kind zur Welt bringen kann oder an einer schweren Krankheit leidet und ihren Pflichten als Ehefrau gegenüber ihrem Mann, der Familie und dem Haushalt nicht nachkommen kann."[57] Wenn man auch Verständnis für die schwierige Situation eines derart betroffenen Mannes haben kann, wird eine solche Situation im zivilen Rechtsstaat anders geregelt und hat nicht die rechtliche Anerkennung der Vielehe zur Folge, die die Wiederbelebung der Einrichtung des Harems bedeuten würde und spätestens bei einer Scheidung und den daraus sich ergebenden Streitigkeiten um Versorgungsausgleich, Rentenanspruch und Erbrecht für die betroffenen Personen in der Mehrheit der Fälle den finanziellen Ruin und kollektiven sozialen Abstieg bedeuten würde.

Im Kapitel „Problematik der nichtehelichen Sexualerziehung" führt Aslan aus, dass eine Sexualerziehung in islamischem Kontext als Vorbereitung für die Ehe verstanden wird; in der Zeit davor (sprich: vor der Ehe) „sollten die Jugendlichen überhaupt keine sexuellen Kontakte pflegen", denn „diese Art von Geschlechtsakt ist verboten und in der islamischen Lehre ein strafbarer Akt; im Gegensatz zum abendländischen Zivilrecht hat es im Islam keine aufhebende oder mildernde Wirkung, wenn zwischen den Beteiligten beiderseitiges Einvernehmen bestand oder nicht."[58] Gerade durch die Betonung des Konfliktes zum „abendländischen Zivilrecht" macht Aslan hier seine fundamentalistisch-puritanisch-islamische Position deutlich, die weit mehr im Sinne hat als ethische Anweisungen für die Unterrichtung von Kindern: Es geht um schariatrechtliche Positionen, wie bereits weiter oben ausgeführt wurde, und damit um ein konkurrierendes Rechtssystem mit allgemeinem Gültigkeitsanspruch für alle Zeiten, also der Etablierung und Durchsetzung bzw. Aufbau einer Parallelgesellschaft.

Die weiteren Ausführungen Aslans über die Bevorzugung von Jungfrauen und den Stellenwert von Jungfräulichkeit im Islam beziehen sich ausschließlich auf das weibliche Geschlecht und manifestieren damit einmal mehr islami(sti)sches Rollenverständnis: „Einem Ausspruch Muhammeds (s.a.w.) zufolge, in dem er bevorzugt Jungfrauen zur Ehe empfiehlt, betont der Islam hier die Unvorbelastetheit bezüglich sexueller und psychischer Erfahrung zum anderen Geschlecht. Damit ist gemeint, daß es weniger Komplikationen gäbe, mit einer solchen Frau eine Ehe einzugehen, als mit einer, die

---

57 Aslan, a. a. O., S. 7 sowie Broschüre/Schriftenreihe S. 47.
58 a. a. O., S. 9 sowie Broschüre/Schriftenreihe, S. 48f.

bezüglich der Männer aufgrund ihrer Erfahrungen eine vorgefaßte Meinung hat...."[59] Inwieweit sich hier Muhammads langjährige Eheerfahrungen mit seiner wesentlich älteren ersten Gattin, Khadidja, niederschlagen, mit der er konsequent monogam gelebt haben soll – darüber mag man spekulieren und schmunzeln. Khadidja war Witwe und erfolgreiche Kaufmannsfrau, die wirtschaftlich eigenständig lebte und wohlhabend war; man mag gerechtfertigt davon ausgehen, dass sie ihn schon aufgrund ihrer gesellschaftlichen Stellung und ihres Alters sowie ihren Erfahrungen durchaus dominiert haben dürfte. Muhammads erste Frau Khadidja, die unter anderem auch die erste Muslimin der Geschichte war, entspricht jedenfalls in keinster Weise dem von Herrn Adnan Aslan propagierten jungfräulichen islamischen Frauenideal einer künftigen Ehegattin; der Prophet dürfte nicht nur von ihrem wirtschaftlichen Kapital profitiert haben, sondern auch von ihrer Lebenserfahrung.[60] Die Heirat Muhammads mit Khadidja bildete nicht nur einen wichtigen Wendepunkt im Leben des jungen Propheten, sie stellt auch eindeutig den Wendepunkt der Sozialordnung in Mekka hin zu klaren patrilinearen Strukturen dar, die dann mit der neuen Religion des Islam im Lauf der Zeit manifestiert wurden.[61]

---

59 a. a. O., S. 9f sowie Broschüre/Schriftenreihe, S. 45. Aslan zitiert hier leider nicht die Quelle dieses angeblichen Ausspruches Muhammads, der im Widerspruch steht zu Muhammads Ehefrauen, die keineswegs mehrheitlich Jungfrauen, sondern Witwen – also erfahrene Frauen - waren. Die Praxis des Propheten kann hier also nicht als Quelle dienen, sondern höchstens ein Ausspruch, der in einer Überlieferungssammlung genannt wird, deren Ursprung manchmal sehr schwer historisch nachweisbar ist; zu dieser Problematik von Tradition und islamischem Recht vgl. W. Montgomery Watt/Alford T. Welch, Der Islam I, S. 235ff; Kohlhammer, Stuttgart, 1980.

60 Vgl. hierzu Watt/Welch, Der Islam I, S. 52. – Die Originalquellen, wie beispielsweise das „Kitab an-nisa'" von Ibn Sa'd in den „Tabaqat" (zu deutsch: Buch der Klassen), dürften unerschöpfliches Material zu diesem Thema liefern. Watt/Welch zitieren eine prägnante Stelle bei Tabari: „(6) Und ich (der Prophet/Anm. d. Autorin) kaum zu Kadiga und sagte: Ich bin voller Angst um mich, und ich erzählte ihr mein Erlebnis. Sie sagte: Freue dich! Bei Gott, niemals wird Gott dich in Schande stürzen; du tust den Deinen Gutes, du sprichst die Wahrheit:...", a. a. O., S. 53f.

61 Vgl. hierzu Watt/Welch, Der Islam I, S. 52: „Hadiga war mit der Art und Weise, wie Mohammed ihren Auftrag erfüllt hatte, zufrieden und bot ihm die Ehe an." Und weiter: „Die Ehe jedoch versorgte ihn mit dem nötigen Kapital, um sich, zusammen mit dem Neffen von Kadigas früherem

Obwohl Aslan darauf hinweist, dass die „Frage der Empfängnisverhütung während der Ehe" unter islamischen Theologen keine einheitliche Zustimmung findet, aber trotzdem mehrheitlich bejaht wird, nennt er keine Quelle für diese Aussagen und behauptet weiter, dass Abtreibung als Mord gelte und von allen Rechtsgelehrten als unislamisches Verhalten abgelehnt wird; dem ist aber keineswegs so. Die traditionellen Rechtsschulen des Islam haben keine einhellige Meinung zur Frage der Abtreibung; bei den Hanafiten (vorherrschend z. B. in der Türkei), den Zayditen (Jemen) und einem Teil der Schafiiten ist der Abbruch bis zum 120. Tag der Schwangerschaft erlaubt, gilt jedenfalls nicht als Kapitalverbrechen, und die Frau muss dazu nicht einmal ihren Mann vorher in Kenntnis setzen.[62] Die anderen islamischen Rechtsschulen sehen diese Angelegenheit zwar strenger, halten die Abtreibung ebenso für verpönt, aber bis zum 40. Tage für erlaubt.[63] Für eine unerlaubte Abtreibung sieht das islamische Strafrecht das Blutgeld vor.[64] Dass der „coitus interruptus" in Zeiten des Krieges praktiziert wurde und von einer Anzahl Rechtsgelehrter auf jeden Fall gutgeheissen wurde, findet sich – als ein Beispiel für die „Sunna" -, interessanterweise in einer Überlieferung des Propheten Lieblingsgattin, `A'isha[65] (was umso mehr dafür spricht, dass der Prophet selbst dies praktiziert hat, auch wenn dies im allgemeinen verneint wird)[66] und wird selbst von Ayatollah Khomeini gutgeheissen.[67] Hier ist die Position des Islam also deutlich liberaler als diejenige des gegenwärtigen Oberhauptes der katholischen Kirche, Papst Wojtyla.

Aslan sieht die Sexualerziehung an öffentlichen Schulen als eine Folge der 68er-Bewegung, da dies „die Geburtsstunde der kontinu-

---

    Mann, als Kaufmann niederzulassen. Von diesem „Aufstieg" ist in einem Koranabschnitt die Rede (93.6-8; Gott spricht zu Mohammed)..."

62   CIBEDO-Dokumentation Nr. 11 (1981) "Abtreibung im Islam", Juni, S. 5.

63   a. a. O., S. 5ff.

64   a. a. O., S. 11ff. sowie Tellenbach, a. a. O., S. 136f. ("Das Blutgeld für einen Schwangerschaftsabbruch").

65   Vgl. hierzu Watt/Welch, Der Islam I, S. 53.

66   Vgl. hierzu Farah, Marriage, S. 35f. Wir wollen nicht soweit gehen zu unterstellen, dass diese Überlieferung von `A'isha möglicherweise dafür spricht, dass diese selbst diese Praxis gutgeheißen hat; Interpretationsmöglichkeiten der Hintergründe dieser Überlieferung von Muhammad's Lieblingsgattin könnten in sehr unterschiedliche Richtungen gehen.

67   Heinz Halm (1994), Der schiitische Islam. Von der Religion zur Revolution. Beck/München, S. 166ff.

ierlichen Sexualerziehung in den Schulen der Bundesrepublik Deutschland" gewesen sei und zitiert als deren Ziel Norbert Kluge[68] „daß die jungen Menschen ihre Aufgabe als Mann oder Frau erkenne, ihr Werte empfinden und Gewissen entwickeln und die Notwendigkeit der sittlichen Entscheidungen einsehen."[69] Damit liegt er zwar nicht falsch, verkennt aber die gesamte historische Situation und Vorgeschichte der 68er-Bewegung, die mehr war als eine blosse „sexuelle Revolution", sondern insbesondere die Aufarbeitung des Dritten Reiches – also eines totalitären Regimes - mit beinhaltete, deren politische Führer sich zwischen extremer, totaler sexueller Askese einerseits und sexueller Perversion andererseits bewegten und dem deutschen Volk unter anderem klar definierte Geschlechtsrollen von Mann und Frau zuwiesen, die durchaus gewisse Ähnlichkeiten mit denen einer strengen islamischen Gesellschaft aufweisen. Ausserdem unterschlägt Aslan eine folgenreiche wissenschaftliche Entdeckung jener Zeit und deren Konsequenz: Die Entdeckung der Anti-Baby-Pille durch Carl Djerassi. Ohne Medizinerin zu sein und ohne über entsprechende soziologische Untersuchungsergebnisse zu verfügen erlaube ich mir die subjektive Schlussfolgerung, dass die Entdeckung und Weiterentwicklung der Anti-Baby-Pille sowie der freie Zugang zu ihr sowohl für die Befreiung der Frau als auch für die Befreiung des Mannes – und dies nicht nur im Bereich der Sexualität – Konkreteres geleistet hat als die 68er-Bewegung. -

In seiner Auseinandersetzung mit dem Schrifttum und der „radikalen Befreiung von sexuellen Zwängen" zur „Revolutionierung der Gesamtgesellschaft" kommt Aslan zu dem Schluss, „...daß die Enthüllung nur am Bild des Fleisches vollzogen worden ist" und postuliert: „Der Mißerfolg der Schulen, auf die wir im nächsten Kapitel eingehen werden, liegt daran, daß sexuelle Befreiung als Befreiung von Bekleidung verstanden wurde", die die seelischen und physiologischen Vorgänge, die von der menschlichen Sexualität untrennbar seien, zu einem überflüssigen Problem reduziert worden seien.[70] Er geht soweit zu behaupten, dass die Eltern unfähig gemacht wurden, ihre Kinder aufzuklären, obwohl „Umfragen ganz das Gegenteil bewiesen, denn die Mehrheit der Befragten war dafür, daß die Kinder nur von ihren Eltern aufgeklärt werden wollten." Auch hier nennt er leider nicht seine Quelle, aus der er diese Erkenntnis be-

---

68   Aslan, a. a. O., S. 11 sowie Quelle S. 29 sowie Broschüre/Schriftenreihe S. 12f.
69   Aslan, a. a. O., S. 10f sowie Broschüre/Schriftenreihe, S. 13.
70   Aslan, a. a. O., S. 11.

zieht. Soweit ich mich meiner eigenen Schulzeit und den Problemen von Schulkameraden und –kameradinnen erinnere und Gesprächen von älteren Kollegen, weiß ich, dass die meisten unserer Eltern eher davon entlastet schienen, als der Aufklärungsunterricht in der Schule begann, in der Regel im Biologieunterricht. Unsere armen Eltern, die häufig selbst noch mehrheitlich prüde und ridige erzogen wurden, standen nicht mehr so sehr unter dem Anspruchsdruck, die Sexualerziehung ihrer Kinder in die Hand nehmen zu müssen, die sie selbst in ihrem Leben noch nicht genossen hatten. Oswald Kolle gehört zwar zur Generation unserer Eltern, ereilte sie aber als Erwachsene.

Die Folgen „der miserablen Sexualerziehung in den Schulen" führten 1974 zu einem Bundesverfassungsurteil, das besorgten und überforderten Eltern zu einem „Etappensieg", wie Aslan es nennt, verhalf: „Die Eltern betrachteten den Zwangssexualunterricht in den Schulen als eine Verschwörung gegen ihre Werte und Religion. Die Menschen beteten auf den Straßen um die Abschaffung der Sexualerziehung in den Schulen."[71] Nachfolgend untersucht Aslan die Richtlinien der einzelnen Bundesländer zum Sexualkundeunterricht und stellt fest, „daß in beinahe allen Richtlinien Mündigkeit als Lernziel angegeben wird und lediglich Baden-Württemberg und Bayern das „verantwortungs- und wertebewußte Verhalten" bzw. „eheförderliche Einstellungen" anbahnen" wollen.[72]

Eindeutig nicht „fundamentalistisch" ist bei Aslan hier der Gebrauch des Terminus „Moderne" – bei ihm heißt es: „Die sogenannte Moderne aber schwang wie eine Keule über die Köpfe der Familie."[73] Aslan meint hier mit „Moderne" die liberale aufgeklärte Sexualerziehung – also einen Ausschnitt der tatsächlichen, positiv verstandenen „Moderne" im Sinne von gesellschaftlichem Fortschritt zum Wohle und zur Mündigkeit des einzelnen Bürgers -, nicht das Gegenteil. Der Begriff „Moderne" in der Gegenwart wird als Spiegelbild häufig für die Bezeichnung fundamentalistischer Reaktionen benutzt, die zwar eine „moderne" Erscheinung im Sinne von „gegenwärtig, präsent, heutig" sind, nicht aber in der inhaltlichen Deutung, da sie eben gerade nicht „modern" im Sinne von

---

71 Aslan, a. a. O., S. 11f., unter Berufung auf einen Bericht der Frankfurter Rundschau aus dem Jahre 1976 – a. a. O., S. 30 sowie Broschüre/Schriftenreihe, S. 13.
72 a. a. O., S. 16 sowie Broschüre/Schriftenreihe, S. 15f..
73 Aslan, Broschüre/Schriftenreihe, S. 13.

„fortschrittlich" sind, sondern konservativ bis reaktionär. Das konservative bis reaktionäre (Selbst-)Verständnis fundamentalistischer Bewegungen zeigt sich eben gerade an rückschrittlich orientierten moralischen Positionen in Angelegenheiten sexueller Moral und Haltung sowie an der Haltung zur eigenständigen Lebensweise und -orientierung von Frauen.[74]

Die Konflikte muslimischer Schüler mit den genannten Zielen einer öffentlichen Sexualkunde in deutschen Schulen

Ab Seite 18 führt Dr. Aslan aus verschiedenen wissenschaftlichen Arbeiten über Sexualerziehung eklektisch Aussagen zusammen, um die Notwendigkeit der Einführung religiöser bzw. islamischer Sexualerziehung an deutschen Schulen zu begründen und dem bisherigen Versagen der staatlichen deutschen Schulen die „islamische Lösung"[75] entgegenzusetzen. So zitiert er Georg Neubauer „Das wichtigste Ergebnis der letzten 20 Jahre ist, daß die sexualkundlichen Informationen im großen und ganzen zugenommen haben. Nur: diese Kenntnisse helfen dem Jugendlichen nicht bei seiner Bewältigung von Problemen im Alltag. Die fertigen Antworten der Erwachsenen kann er für sich nicht nachvollziehen und fruchtbar machen."[76] Dies mag richtig sein, heißt aber noch nicht, dass die Schulen versagt haben, wie Aslan glauben machen will; es deutet eher darauf hin, dass die Sexualkunde bzw. Sexualerziehung nicht ausreichend und nicht jugendgerecht, also verbesserungswürdig, ist und die Schulen in Sachen Personal und Ausstattung vernachlässigt werden. Weiter heißt es bei Aslan: „Durchgängig läßt sich zeigen, daß etwa die Peer-groups oder Medien, wie z. B. die Jugendzeitschrift Bravo, weit größeren Einfluß auf die sexuellen Leitbilder und Verhaltensmuster der Jugendlichen ausüben, als die sexualerziehe-

---

74 Vgl. hierzu die sehr gut aufgearbeiteten Argumentationen und Materialien bei Martin Riesebrodt, Fundamentalismus als patriarchalische Protestbewegung. J. C. B. Mohr (Paul Siebeck), Tübingen, 1990; insbesondere ab S. 214ff.
75 Arabisch: „al-hall al-islami" bzw. „al-hall huwa-l-islam" (Die islamische Lösung bzw. Der Islam ist die Lösung); kennzeichnendes Schlagwort aller islamistischer Bewegungen von Algerien bis Zentralasien.
76 Aslan, a. a. O. Internet, S. 18 sowie Broschüre/Schriftenreihe, S. 24.

rischen Bemühungen der Schule."[77] Aslan schlussfolgert daraus: „Zu vermuten ist sogar, daß schulische Sexualerziehung oft das Gegenteil dessen bewirkt, was durch sie bezweckt werden soll."[78]– Dies würde eigentlich logischerweise dafür sprechen, das Jugendmagazin Bravo im Sexualkunde-Unterricht zu integrieren, um dessen Effizienz zu verbessern, wenn die Jugendlichen nachweislich aus der Rubrik „Fragen Sie Dr. Sommer" (so hieß sie zu meiner Jugendzeit) für sich mehr Aufklärung herausholen können als aus dem Schulunterricht. Und wenn man Bravo nicht in den Unterricht integrieren will, kann man sie folglich als sinnvolle außerschulische Ergänzung des Sexualkundeunterrichts betrachten, was ja auch nicht schadet (und sich, davon abgesehen, auch nicht verhindern lässt). Aslan will jedoch das Gegenteil: Die Abschaffung des Sexualkundeunterrichts bzw. die Änderung der Lehrpläne dahingehend, dass die von ihm vertretene islamische Werteorientierung integriert wird – und der staatliche Lehrplan damit „islamistisch" beeinflusst bzw. verändert. Dass er mit seinen konservativ bis reaktionären Vorstellungen von Ehe und Familie zum Teil deckungsgleiche Wertvorstellungen hat wie die katholische Kirche, sei dahingestellt. Im säkularen zivilen Rechtsstaat gibt es gegenwärtig unterschiedliche, nebeneinander existierende Familienformen und –konstellationen, die nicht mehr den traditionellen entsprechen, weil sie sich an die gesellschaftlichen und rechtlichen Veränderungen angepasst haben, wozu u. a. auch die erweiterten Möglichkeiten zur Wahl der Sexual- und Lebenspartner gehören.[79]

Weitere schwere Polemik gegen das angebliche Versagen des säkularen demokratischen Staates und seinem schulisch-institutionalisierten Erziehungswesen führt Aslan im weiteren auf: „Wenn die Schule bei solchen einfachen, konkreten Zielen derartige Mißerfolge erzielt, wie vergeblich müssen dann erst die sexualerzieherischen Anstrengungen bei so hoch gesteckten Zielen wie „Erziehung zur Toleranz, Verantwortlichkeit, Ehefähigkeit, Mündigkeit" erscheinen. Weder Drogensucht und Alkoholabhängigkeit bei Ju-

---

77 Aslan, a. a. O., S. 18 sowie Broschüre/Schriftenreihe, S. 24f.
78 Aslan, a. a. O., S. 18 sowie Broschüre/Schriftenreihe, S. 25.
79 Stichwort: Gleichgeschlechtliche Lebensgemeinschaften und Eheschließungen, zu der auch die Diskussion um die rechtliche Anerkennung bzw. Möglichkeit der Elternschaft gleichgeschlechtlicher Paare gehört, die seit der Entstehung der Gay-Bewegungen in den USA (New York und Californien) in den siebziger Jahren diskutiert wird und seit einiger Zeit kein Tabu mehr darstellt.

gendlichen, die Zahl ungewollter Teenagerschwangerschaften und der sexuelle Mißbrauch von Kindern und Jugendlichen sind bekanntlich zurückgegangen, noch hat eine „Entschulung der Schule" stattgefunden".[80] Er macht sich weiterhin stark für das Recht der muslimischen Familien auf ein individuelles Erziehungsrecht in Dingen der Sexualität, denn: „Die Haltung hängt entschieden davon ab, daß die Kriterien und Wertmaßstäbe einer solchen Erziehungsaufgabe den muslimisch-fundamentalen Werten widersprechen. Die islamische Sexualerziehung muß das Ziel haben, die Kinder zu einem islamisch verantworteten Sexualverhalten zu befähigen. Wenn die Schule nicht in der Lage ist, in ihrer Sexualerziehung die Geschlechts- und Ehemoral des Islam zu berücksichtigen und positiv darzustellen, dann entstehen zwischen Erziehungsauftrag der Schule und dem natürlichen Erziehungsrecht der Eltern gravierende Unterschiede bei der Durchführung der Sexualerziehung... Ohne religiös fundiertes Wissen können die Jugendlichen weder den Sinn der Sexualität verstehen, noch ihr eigenes Urteil über sexualethische Sachverhalte fällen. Die muslimischen Eltern vermissen an den Schulen diese Anleitung für ihre Kinder."[81]

Hier, wie im gesamten Text, polemisiert Dr. Aslan nicht nur gegen das staatliche Erziehungswesen an deutschen Schulen und einen Teil seiner Inhalte, sondern zugleich indirekt auch für die Einführung eines islamischen Religionsunterrichtes, in dem dann offenbar die von ihm skizzierten „islamischen Erziehungsideale und Wertvorstellungen" vermittelt werden sollen. Sein Postulat ist eindeutig: Erst durch richtige Religiosität lässt sich der Sinn der Sexualität verstehen! Herr Aslan widerspricht sich in den zitierten Abschnitten selbst: Seine Kritik am angeblichen Versagen deutscher staatlicher Schulen in den Punkten „Erziehung zur Toleranz, zur Verantwortlichkeit, zur Ehefähigkeit" usw. ist nicht haltbar, da die pädagogischen Richtlinien, Wertvorstellungen und Erziehungsziele einer an den Menschenrechten und dem Grundgesetz orientierten Erziehung in unseren Schulen das Zulassen von Unterschieden, von Spielräumen, von unterschiedlichen Lebensformen, unterschiedlicher Sexualität sowie religiöser Überzeugung – also Wahlmöglichkeiten in allen Lebensbereichen - zulassen bzw. erst möglich machen – im Gegensatz zum islamischen Recht, insbesondere dem Strafrecht, das

---

80 Aslan, a. a. O., S. 18f. sowie Broschüre/Schriftenreihe, S. 25.
81 Aslan, a. a. O., S. 19 sowie Broschüre/Schriftenreihe, S. 26f.

genau diese Punkte als nicht verhandelbare, ewig gültige Rechtsnormen betrachtet und insofern eine totalitäre Ausrichtung hat.

Er demonstriert am Beispiel der Lehrplaneinheit über „Zärtlichkeit, Streicheln, Schmusen und Küssen", dass diese Begriffe in der islamischen Lehre anders verstanden werden als an den öffentlichen Schulen: „Küssen kann nur z. B. zwischen den Freundinnen oder Freunden geschehen. Das Küssen zwischen Jungen und Mädchen ab dem Schulalter ist allerdings verbotenes und unsittliches Verhalten."[82] Dies ist symptomatisch für islamische Sexuallehre: Obwohl die Homosexualität im islamischen Strafrecht als Kapitalverbrechen gilt und folglich die „hadd"-Strafe nach sich zieht[83], wird gleichgeschlechtliches Schmusen eindeutig gefördert und gilt als erlaubt. *Das heißt: Trotz radikaler Verurteilung der Homosexualität wird die soziale Homosexualität tatsächlich gerade durch die rigide Geschlechtertrennung im Islam offen gefördert; dies wird allerdings innerislamisch nicht reflektiert.* Dass dies wiederum im europäischen und amerikanischen Kulturkreis zu gewissen Irritationen und Fehldeutungen führen kann, wird ebenfalls weder gesehen noch reflektiert. Hier liegt folglich eine klassische Quelle „kulturellen Missverständnisses" vor uns. Im übrigen ist anzumerken, dass es im Arabischen, laut Arno Schmitt, ursprünglich kein Wort für „Homosexualität" gibt. Das arabische Wort koranischen Ursprungs „liwat" (abgeleitet vom biblischen „Lut", der gegen das Treiben der Männer seiner Wohnstadt sprach), lege zwar die Bedeutung „sexuelle Handlungen unter Männern" nahe, hat im klassischen Arabisch aber die Kernbedeutung „anal-genitales Eindringen" („pedicatio"). Dieses Wort bezieht sich nach Schmitts Untersuchungen meistens auf die Penetration eines Knaben durch einen Mann; der Begriff schließe aber in der Praxis die Anal-Penetration von Männern und Frauen durch Männer ein. Es handelt sich also bei „liwat" ursprünglich nicht um Homosexualität im klassischen Sinne, sondern um „Knabenliebe", denn der Knabe gilt im Orient (sowie im islamischen Recht aus der Position des erwachsenen Mannes heraus) als „Nicht-Mann". [84]

Dr. Aslan betont, dass die staatlichen Erziehungsziele an Schulen und deren Inhalt von Muslimen mit einem „lockeren Sittenkodex"

---

82 Aslan, a. a. O., S. 21 sowie Broschüre/Schriftenreihe, S. 29.
83 Tellenbach, Strafgesetze, S. 54ff.
84 Arno Schmitt, Bio-Bibliography of Male-Male Sexuality and Eroticism in Muslim Societies, S. 5, Anm. 15, Anm. 8, Anm. 4 usw.

in Zusammenhang gebracht werden: „Denn mit dem Vorgang der Aufklärung wird ein Seelen- oder Gefühlsgebiet im Kind berührt, das der Intimität bedarf, wie die des vertrauensvollen Schutzes." Er führt drastische Beispiele aus der schulischen Sexualerziehung an, die insbesondere bei Mädchen zu Angst und Ekel geführt haben[85], was durchaus nachvollziehbar ist: „Ein Mädchen der fünften Gymnasialklasse berichtete ihren Eltern, daß die Lehrerin während des Sexualkundeunterrichts Präservative zeigte und anschließend den Schülern überließ. Diese füllten sie mit Wasser und schmissen sich die Dinger, lauthals ihren Ekel bekundend, hinterher. Dann ließen sie die Dinger im Flur der Schule prallvoll mit Wasser gefüllt platzen. Als einige Mädchen sahen, welches Volumen ein gefülltes Präservativ einnehmen kann, zogen sie Rückschlüsse daraus und bekundeten gemeinsam ihre Angst und ihren Ekel vor einem so großen Penis."[86]

Die Frage ist, ob die Schockwirkung einer nichtaufgeklärten jungen Frau weniger sein wird, wenn sie ihre Hochzeitsnacht durchmacht; dies darf bezweifelt werden und wird, sowohl von türkischer als auch arabischer Seite, ebenfalls drastisch problematisiert dargestellt in Filmen wie „40qm Deutschland" von Tevfik Baser, „Yasemin" von Hark Bohm oder, in anderer Form, in Fatih Akins „Gegen die Wand", dem Gewinner der Berlinale 2004 sowie des Deutschen Filmpreises in Gold 2004[87], aber auch in der Literatur, beispielsweise von Nawal as-Saadawi in „Gott stirbt am Nil", und vielen anderen. Gerade Fatih Akins Film „Gegen die Wand" plädiert provokativ für einen gänzlich anderen, absolut tabufreien Umgang mit sexuellen Bedürfnissen von türkisch-muslimischen Frauen, die er in der Person von Sibel Kekilli das genaue Gegenteil dessen ausdrücken lässt, was Adnan Aslan und andere konservativ-religiöse Kreise fordern: „Ich will ficken, und zwar nicht einen, sondern viele!" sagt sie gleich in den ersten Minuten des Films. Für die Befriedigung ihrer Wünsche, die durchaus nicht rein sexuellen Charakter haben, sondern vielmehr auch ein Schrei nach persönlicher Selbstbestimmung und, wenn man so will, ganzheitlicher Befreiung sind, geht sie im Film eine Scheinehe mit einem kaum mehr des Türkischen mächtigen deutsch-türkischen Alkoholikers ihrer Generation ein, um den for-

---

85 Aslan, a. a. O., S. 21 sowie Broschüre/Schriftenreihe, S. 29.
86 Aslan, a. a. O., S. 21 sowie Broschüre/Schriftenreihe, S. 29.
87 Stuttgarter Zeitung vom 20.03.2004: „Ich bin kein Gastarbeiter, ich bin Deutscher" von Udo Taubitz sowie Stuttgarter Zeitung vom 19.06.2004: Filmpreis in Gold für „Gegen die Wand".

malen Anforderungen ihrer Eltern und Familie nach einem türkisch-muslimischen Mann zu genügen – auch wenn dieser von Islam und Tradition nichts mehr wissen will (wahrscheinlich auch noch nie etwas wissen wollte – er sagt es deutlich im Film, dass er auf diesen „Kanakenscheiß keinen Bock"[88] habe) und die Autonomiebestrebung seiner jungen „Schein"-Frau unterstützt. Paradoxerweise zeigt sich gerade in diesem Verhalten sein Respekt gegenüber der jungen Frau als gleichwertigem Gegenüber, zu der er aufgrund seiner Beobachtung ihrer autonomen Entwicklung – die erst durch seine Hilfe möglich ist – im Laufe des Geschehens tatsächlich tiefe Gefühle entwickelt.

Adnan Aslan, als Fürsprecher muslimischer Eltern, formuliert die Wünsche konservativ-traditionalistischer bis islamistischer Eltern: „Daher fordern die muslimischen Familien eine wertorientierte Sexualerziehung. Diese Haltung darf auf keinen Fall als eine Abschottung vor der Moderne, sondern als Widerstand gegen die orientierungslose Erziehung verstanden werden."[89] Und weiter: „Die schulische Sexualerziehung sollte eigentlich diese Werteauffassung der muslimischen Eltern in ihrem Unterricht berücksichtigen, um solche Konflikte zwischen Elternhaus und Schule zu verhindern."[90]

Die koedukative Sexualerziehung wird abgelehnt: „Den Wunsch einer Geschlechtertrennung während der Geschlechtererziehung dürfte nicht nur als Forderung der Muslime verstanden werden. Die Mehrheit der Eltern würden Geschlechtertrennung während der Geschlechtererziehung begrüßen."[91] Wie Dr. Aslan zu diesem Schluss kommt und woher er seine Erkenntnisse bezieht, sagt er uns nicht.

Die Ablehnung der koedukativen Sexualerziehung (und längerfristig wohl nicht nur dieser) wird begründet mit der Angst vor Geschlechterrollenwechsel, Homosexualität usw.: „Der Islam berücksichtigt die biologischen Unterschiede zwischen beiden Geschlech-

---

88 Vgl. u. a. auch „Punk oder türkische Folklore?" von Andreas Busche, in: Die ZEIT Nr. 12 vom 11.03.2004.
89 Aslan, a. a. O., S. 21 sowie Broschüre/Schriftenreihe, S. 30.
90 Hier zeigt sich deutlich sowohl die islamistische Tendenz Aslans als auch der maßlos überzogene und arrogante Anspruch Aslans gegenüber deutschen staatlichen Institutionen, die er per Forderung dazu zwingen will, sich seinen bzw. traditionalistisch-türkisch-islamischen moralischen Vorstellungen anzupassen, um Konflikte zu vermeiden.
91 Aslan, a. a. O., S. 23 sowie Broschüre/Schriftenreihe, S. 32.

tern und will die Kinder auch in ihrer Geschlechtlichkeit *zu einer bestimmten, klar definierten Rolle*[92] erziehen. Vor allem die Altersunterschiede in der Pubertät machen, nach der islamischen Lehre, eine koedukative Sexualerziehung nicht möglich. Die islamische Erziehung, ... schreibt den Geschlechtern bestimmte Aufgaben zu, und die Kinder müssen sich dementsprechend verhalten. Jungen dürfen sich beispielsweise nicht wie Mädchen und Mädchen nicht wie Jungen kleiden...Nach islamischen Wissenschaftlern führen die Konsequenzen einer derartigen Erziehung die Kinder zu bestimmten Randerscheinungen der Sexualität... Durch die physischen und psychischen Unterschiede zwischen Mann und Frau wird auch der Inhalt des zu vermittelnden Wissens unterschiedlich betrachtet. Vor allem spielt die Mutterrolle der Frau in ihrer Sexualerziehung eine bedeutende Rolle. Demgegenüber sollte der Mann zur Verantwortung für seine Familie und andere gesellschaftliche Aufgaben erzogen werden."[93]

Schöner kann man das dichotomische Rollenverständnis Aslans als Vertreter eines klassisch- konservativen bis reaktionären Religionsverständnisses kaum darstellen: Der Frau wird an Beschäftigungen die internationale Lieblingsvariante aller Reaktionäre zugewiesen, nämlich „Kinder, Küche, Kirche", der Mann darf als Ernährer, Kämpfer oder was auch immer hinaus „ins feindliche Leben"! Ein bisschen gebildet sollte die Frau aber schon sein: „Diese Auffassung sollte aber nicht zu dem Rückschluß führen, daß die Frau ganz aus dem öffentlichen Leben und von der Mitgestaltung der Gesellschaft ausgeschlossen ist. Prof. Hamidullah weist darauf hin, daß in jeder Epoche islamischer Geschichte Frauen Berufe ausgeübt hätten, z. B. als Krankenschwester, Lehrerin, Dichterin. Ohne Unterscheidung zwischen Mann und Frau befürwortet der Islam Bildung und Ausbildung der Frau."[94] Immerhin: Wir sind bei aller Rückwärtsge-

---

92 Aslan, Broschüre/Schriftenreihe, S. 31. Hier zeigt sich am deutlichsten, wie die Geschlechtertrennung die Grundlage einer „islamischen Gesellschaft" festlegt: Durch die Erziehung auch in der Geschlechtlichkeit zu einer bestimmten Rolle.

93 Aslan, a. a. O., S. 22 sowie Broschüre/Schriftenreihe, S. 31. – Auf das Problem der islam(ist)ischen Erziehung, die allgemein zu „Überlegenheitsgefühlen" erzieht und den Mädchen ihre „Andersartigkeit" als Begründung für ihre unterlegene Stellung einimpft, vgl. auch: den Bericht „Systematische Unterwanderung" von Jürgen Müller, Berlin, in: Süddeutsche Zeitung vom 21.09.2004, der auf die Anhörung im Bundestag zum Thema „Islamismus" Stellung nimmt.

94 Aslan, a. a. O., S. 22f. sowie Broschüre/Schriftenreihe, S. 31f.

wandtheit noch nicht bei den Taliban angelangt. Eine gebildete Dienerin macht sich zuhause einfach angenehmer als eine ungebildete und kann am Feierabend eventuell noch die Unterhaltung gestalten, indem sie Gedichte aufsagt.

Im folgenden Kapitel 2.2.3 erläutert Adnan Aslan das islamische Verständnis von Liebe und leitet mit einer akuten Konfliktkonstellation ein: „Der Sexualerziehungsauftrag der Schulen fast aller Bundesländer möchte die Kinder neben Ehe und Familie auch für die uneheliche Partnerschaft erziehen und sie mit den damit verbundenen Konsequenzen vertraut machen... Demgegenüber gibt es im Islam keinen Platz für jegliche uneheliche Beziehung. Außer in der Ehe besteht für den Mann und die Frau keine andere legitime Möglichkeit zur Liebe füreinander... Andere Beziehungen werden als unsozial und unfamiliär degradiert und stehen im Islam unter Strafe... Das Verständnis im Abendland für nichteheliche Liebe oder eheähnliche Beziehungen widerspricht den islamischen Grundprinzipien."[95] Dagegen ist nichts einzuwenden. Es sei lediglich die Anmerkung erlaubt, dass die „Zeitehe" (arabisch: mut'a) eine gelebte Praxis nicht nur im schiitischen Recht ist, sondern inzwischen auch von sunnitischen Islamisten angesprochen und praktiziert wird[96]. Die islamische Zeitehe (mut'a) ist eine zeitlich begrenzte sexuelle Verbindung zweier Parteien gegen ein zuvor vereinbartes „Brautgeld" und stellt damit nun kaum etwas anderes dar als religiös verbrämte Prostitution, auch wenn sie offiziell vom sunnitischen Recht nicht anerkannt wird.[97] Da die Zeitehe durch die – wenn auch vertraglich befristete – „Ehe-"schließung islamisch legitimiert ist, wird sie selbstverständlich moralisch höher gewertet als eine „westliche" uneheliche Beziehung, die aus traditioneller Sicht moralisch nicht zu vertreten ist. – Gerade die Institution der Zeitehe ist ein anschauliches Beispiel für den kaufmännischen Vertragscharakter zahlreicher islamischer Regelungen: Für die „Dienstleistung" einer zeitlich befristeten „Ehe" erhält die vorübergehende „Ehegattin" nach Ablauf des Vertrages ein klar geregeltes „Entgelt". –

Kurz darauf kritisiert Aslan die „Überzeugung von der Überlegenheit westlicher Werte" als „wichtiges Hindernis für gegenseitige

---

95 Aslan, a. a. O., S. 23 sowie Broschüre/Schriftenreihe, S. 34.
96 Gespräch mit Khalida Messaoudi (derzeitige Kulturministerin Algeriens unter Bouteflika, die jetzt Khalida Toumi heißt) im Schlatterhaus Tübingen im Frühjahr 1992.
97 Vgl. hierzu Christian Lange, Ar tikel „Prostitution", a.a.O.

Verständigung". Der Islam werde immer wieder „als eine Gegenkultur" betrachtet und deren Vereinbarkeit mit der deutschen Gesellschaft bezweifelt[98] Nun zeigen Aslans eigene Ausführungen, dass der Islam in seinem traditionellen bis reaktionären Verständnis durchaus als Gegenkultur zur westlich-säkularen aufgeklärten

Gesellschaft empfunden werden kann, da er sich ja deutlich als „Gegenkultur" darstellt. In den geschilderten Formen dieses traditionell bis reaktionären Islam-Verständnisses ist er durchaus unvereinbar mit der deutschen Mehrheitsgesellschaft. Er entspricht bestenfalls den Wertvorstellungen reaktionärer Splittergruppen am rechten Rand der deutschen Gesellschaft, wie beispielsweise der „Partei bibeltreuer Christen" und der „Christlichen Mitte", die selbst ein archaisches buchstabengetreues Bibelverständnis und eine sich daran orientierende – also fundamentalistische - Gesellschaftsordnung propagieren. Eine solche Gesellschaftsordnung steht im scharfen Widerspruch zur säkularen zivilrechtlichen Demokratie der Moderne mit ihren Wahlmöglichkeiten auch für Familien- und Lebensformen bzw. der Sexualpartner.

Natürlich ist der Brennpunkt, wie immer wieder, die Sexualität bzw. die – tatsächliche oder angebliche - Freizügigkeit, mit der Sexualität in einer offenen Gesellschaft thematisiert wird: „Besonders türkische Eltern fühlen sich durch die sexuelle Freizügigkeit in der Bundesrepublik oftmals bedroht, da sie diese vor dem moralischen und religiösen Hintergrund ihres Heimatlandes reflektieren. Diese Angst wird durch die Angst vor einem möglichen Autoritätsverlust noch verstärkt. Daraus erklärt sich auch die Skepsis türkischer Eltern, das Thema `auch noch´ in der Schule zu behandeln, wo doch überall in den Medien und auf der Straße `Unsittlichkeiten´ demonstriert werden." Und weiter: „Für die muslimischen Eltern besitzt die islamische Sittenlehre eine Universalität, die Zeit und Raum und auch jeglichen Wandel der jeweiligen Kulturkreise überdauert."[99]

Auch wenn Aslan zugestimmt werden kann in der Beschreibung der elterlichen Ängste auf türkischer Seite, ist es nicht zwangsläufig die Angelegenheit staatlicher deutscher Stellen, darauf institutionalisierte Rücksicht in Form von Vermeidung solcher Themen zu nehmen. Im Gegenteil: Die Gleichsetzung von Sexualkunde und Sexualerziehung an den hiesigen Schulen mit Pornographie und der „Unsittlichkeit" auf der Strasse ist polemisch und problematisch

---

98 Aslan, a. a. O., S. 24f. sowie Broschüre/Schriftenreihe, S. 35.
99 Aslan, a. a. O., S. 25 sowie Broschüre/Schriftenreihe, S. 37.

und zeigt eher deutlich das sexualneurotische Bedrohungsgefühl der zugewanderten Eltern, wobei es sich vor allem um Leute aus ländlichen Gebieten handeln dürfte, denen die Vergnügungsviertel Istanbuls (z. B. Taksim) oder die gewisse Freizügigkeit der Touristenhochburgen an der türkischen Westküste unbekannt sein dürften oder jedenfalls als „westliche Dekadenz" gewertet werden. Diese Angst der türkisch-muslimischen Eltern ist meiner Einschätzung nach nicht so sehr die Angst vor dem Fremden bzw. der fremden unsittlichen Kultur, sondern die Angst davor, dass die Dinge enthüllt werden könnten, die es bei ihnen durchaus gibt und die in einer offenen liberalen Gesellschaft nicht versteckt werden; es existiert eine Schrift von Jale Simsek mit dem Titel „Turkey, a country with a long homosexual history".[100] Das Bedrohungsgefühl türkisch-muslimischer Eltern dürfte sich kaum unterscheiden von demjenigen eines Dorfbewohners der Schwäbischen Alb, aus Niederbayern oder aus Mecklenburg-Vorpommern, der zum ersten Mal in seinem Leben auf den „Kiez" nach Hamburg kommt, was ebenso eine gewisse Schockwirkung – aber zugleich eine ungeheure Anziehungskraft! - auf solche Besucher ausübt (die dann die Angebote des „Kiez" durchaus auch teilweise in Anspruch nehmen). Der Kulturschock findet folglich nicht konsequent statt zwischen „Islam" und dem „Westen", sondern zwischen offener Großstadt und isolierterem Dorf bzw. ländlichen Gebieten und den entsprechenden Bewohnern. Die Lösung in einer demokratischen säkular-orientierten Zivilgesellschaft kann nicht heißen „Verbieten!", „Wegschließen!", „Verhindern!" – was das Gegenteil von Toleranz bedeuten würde -, sondern muss heißen: „Aushalten!", und wer dies nicht kann, sollte sich von entsprechenden Vierteln und Dingen fernhalten. Kein Muslim wird gezwungen, die „Satanischen Verse" von Salman Rushdie zu lesen – und kein Muslim wird gezwungen, die Reeperbahn zu besuchen oder Urlaub am FKK-Strand zu machen. Und auch kein Mitglied der „Christlichen Mitte".

Aslan betont erneut das Leiden nicht nur muslimischer, sondern auch vieler nicht-muslimischer Eltern unter der „Wertelosigkeit des Erziehungssystems".[101] Dies ist sicherlich für einige Kreise zutreffend, jedoch nicht unbedingt für die Mehrheit. Des weiteren ist die angebliche „Wertelosigkeit des Erziehungssystems" nicht zutreffend bzw. inhaltlich schlicht falsch; es handelt sich vielmehr um eine Er-

---

100 Zitiert bei: Arno Schmitt, Bio-Bibliography of Male-Male Sexuality, S. 172.
101 Aslan, a. a. O., S. 26 sowie Broschüre/Schriftenreihe, S. 51.

ziehungssystem, dass das Aushalten von „Werte-Vielfalt" zum Ziel hat bzw. die das Orientierungsziel, dass in einer säkularen demokratischen Zivilgesellschaft Religion und Sexualität Privatangelegenheit sind, soweit sie nicht das für unsere westlichen Zivilgesellschaften geltende Strafrecht berühren und die Beteiligten einverstanden sind. Das angebliche Vorherrschen von Pornographie und Unsittlichkeit in der deutschen bzw. den „westlichen" Gesellschaften entspricht nicht den Tatsachen. Im Gegenteil. Das zivile Rechtssystem schützt Kinder und Jugendliche vor sexueller Ausbeutung und Unsittlichkeit bzw. gibt den staatlichen Institutionen und den Eltern die Rechtsmittel in die Hand, dagegen vorzugehen, wenn es erforderlich ist. Gerade im Umgang mit dem Schutz von Kindern und Jugendlichen in diesem Bereich erscheint mir unser Rechtssystem deutlich überlegen, da es beispielsweise die gesamte Phase der Pubertät als „schützenswert" definiert und nicht kleine Mädchen ab 9 Jahren für voll rechts- bzw. ehemündig erklärt.

Aslan fordert weiterhin: „Ziel muß vielmehr sein, das Lehrpersonal darüber zu informieren, daß die Sexualität im Islam der sittlichen Bewertung unterworfen ist, und daß der Islam für die muslimische Jugend Maßstäbe anbietet."[102] Er weist auf einen enormen Dialogbedarf zwischen den Parteien (gemeint sind hiermit wohl: Die muslimischen Eltern, die Lehrer und die deutschen Eltern) hin und schließt: „Die wachsende Zahl muslimischer Kinder an öffentlichen Schulen drängt in der Praxis auf neue Kompromisse zwischen beiden Werteauffassungen."[103]

Hier wird der islamistische Anspruch von Dr. Adnan Aslan als Vertreter und Sprecher der muslimischen Gemeinde und Eltern in Stuttgart offenkundig: Es geht nicht darum, von der nichtmuslimischen Bevölkerung ein gewisses Verständnis für abweichende religiöse Normen des Islam zu erlangen, um damit in der Alltagspraxis besser umgehen zu lernen, sondern es geht darum, die bestehende Alltagspraxis – die ja klare zivilrechtliche und pädagogische Grundlagen hat – dahingehend zu ändern, dass sie von religionsrechtlichen und religionspädagogischen Normen und Wertvorstellungen durchdrungen und entsprechend verändert wird. Genau dies beinhaltet Aslans Forderung nach „neuen Kompromissen", wie er dies formuliert. Dr. Aslan gelingt es in seiner Argumentation, wieder einmal emotional an ein Gewissen der nichtmuslimischen

---

102 Aslan, a. a. O., S. 27 sowie Broschüre/Schriftenreihe, S. 46.
103 Aslan, a. a. O., S. 28 sowie Broschüre/Schriftenreihe, S. 53.

Bevölkerung zu appellieren und ein Schuldgefühl hervorzurufen, die bis vor einiger Zeit noch gar kein „schlechtes Gewissen" hatte und sich keiner „Schuld" bewusst war. Seine rhetorische Geschicklichkeit zeigt sich deutlich in folgenden Sätzen, in denen er der nichtmuslimischen Bevölkerung zugleich nicht vorhandene Toleranz und mangelndes Verständnis am Beispiel einer auch zur sexuellen Mündigkeit erziehenden Lehrerin implizit unterstellt: „...sollte eigentlich diese Lehrerin die Werteauffassung der muslimischen Kinder berücksichtigen, und die Kinder darauf hinweisen, dass die islamische Religion die unehelichen Beziehungen zwischen Männern und Frauen verbietet. Das wäre eine Erziehung zu Toleranz und Verständnis Andersdenkenden gegenüber. In diesen und unzähligen anderen Fällen werden die religiösen Gefühle und Pflichten muslimischer Kinder mit Füßen getreten. In solchen Fällen wird leider von den Muslimen nur blinde Anpassung an die herrschenden Normen und Sitten erwartet. Für die muslimischen Einwanderer gleiche Bürgerrechte zu fordern übersteigt wahrscheinlich die *Toleranzgrenze* der Schulen." Gerade dies ist nicht der Fall: Kein Mensch erwartet von Muslimen blinde Anpassung an „westliche" Normen und Werte, sondern Respekt und Reflexion für und über dieselben. Erwartet wird von „westlicher" – in diesem Falle: deutscher – Seite vor allem, dass hiesige Werte und Normen nicht verschoben und aus den Angeln gehoben werden!

Während Adnan Aslan noch wenige Abschnitte zuvor beklagt, dass ‚der Islam immer wieder als eine Gegenkultur betrachtet und deren Vereinbarkeit mit der deutschen Gesellschaft bezweifelt' wird[104], widerspricht er sich im folgenden Satz in seinen eigenen Ausführungen und Ansprüchen, indem er genau diese Form von Islam als Gegenkultur zugibt: „Diese gravierende Widersprüchlichkeit zwischen den beiden Lebensweisen erschwert den Dialog zwischen Schulauftrag und natürlichem Erziehungsrecht der Eltern."[105]

Im Prinzip ist dem nicht viel hinzuzufügen. Aslan betont mit seiner eindeutig islamistischen Position und entsprechenden Forderungen erst die Dichotomie zwischen beiden Gesellschaften, der islamischen und der (christlich-)westlichen, um seine Schlagworte zu übernehmen, indem er die Muslime in Deutschland „islamisiert". Für viele säkulare und liberale Muslime gibt es die von ihm geschilderten und angeprangerten Probleme mit den angeblich so stark

---

104 Aslan, Broschüre/Schriftenreihe, S. 35.
105 Aslan, Broschüre/Schriftenreihe, S. 36.

vom Islam abweichenden Werten und Normen nämlich nicht, zumindest nicht in dieser drastischen Form. Eine besondere Empfindlichkeit von religiösen und traditionellen Muslimen im gesamten Bereich der Sexualität ist jedoch nicht von der Hand zu weisen, besonders wenn es um Mädchen oder Frauen geht. Darauf weisen sogar äußerst offene, kritische Darstellungen liberaler muslimischer Frauen hin, die entsprechende Erfahrungen in der Auseinandersetzung mit der Herkunftsfamilie und der deutschen Gesellschaft gemacht haben, wie sie beispielsweise Seyran Ates in ihrer autobiographischen Erzählung „Große Reise ins Feuer"[106] schildert.

Anmaßend ist die Haltung und der Anspruch Aslans, als Gründer und Betreiber des „Institut für islamische Pädagogik" als Sprecher für die gesamte muslimische Gemeinde aufzutreten – nicht nur in Stuttgart und Baden-Württemberg, sondern durch seine Zugehörigkeit zum und Unterstützung vom Islamrat Deutschland/Milli Görüs wohl für die gesamte Bundesrepublik. Er verkennt damit nicht zuletzt islamische Prinzipien, wie die Vielfältigkeit der Meinungen auch im Islam (ihtilaf) sowie die Bandbreite des islamischen Spektrums, die sich nicht auf Milli Görüs beschränkt.

Genau dieser Anspruchs Aslans ist auch unter Muslimen ein Reizthema, wie eine Anhörung seines Lehrplanes im Stuttgarter Landtag 1999 auf Einladung der SPD-Gemeinderatsfraktion zeigte: Kaum hatte Aslan seinen Lehrplan vorgestellt, wurde dieser von verschiedenen Seiten in Frage gestellt bzw. offen abgelehnt, sowohl vom türkischen Vizekonsul Gökhan Turan als auch von alevitischen Muslimen sowie dem Vertreter der Deutsch-Türkischen Gesellschaft, die sich – wie viele andere Muslime – alle übergangen fühlten und u. a. argumentierten, dass ihre Auffassung von Islam im Konzept Aslans nichts vertreten würde.[107] Interessant hierbei war nicht nur das Argument von Frau Semra Aslan von der Europäischen Vereinigung türkischer Akademiker, dass „ein öffentlicher Unterricht fundamentalistischen Koranschulen endlich das Wasser abgrabe" und, nach Herrn Aslan, „gut für die Integration der Muslime in die deutsche Gesellschaft sei", sondern dass dieser Lehrplan von Herrn Aslan zusammen mit bekennenden Christen der Pädagogischen Hochschule Karlsruhe verfasst wurde. Das Argument

---

106 Seyran Ates, Große Reise ins Feuer. Die Geschichte einer deutschen Türkin. Rowohlt Berlin, 2003.
107 Vgl. hierzu Katja Schmid „Zu viele Köche verderben den Brei" in: Stuttgarter Zeitung vom 24.07.1999.

Semra Aslans richtet sich, wie ich vermute, gegen die Koranschulen der Kaplan-Gemeinde; bleibt zu hoffen, dass meine Ausführungen zum Lehrplankonzept von Adnan Aslan zeigen können, dass seine Ideen und Auffassungen nicht minder fundamentalistisch sind und nichts mit den pädagogischen Richtlinien und Vorgaben einer säkular orientierten Erziehung zur Demokratie und Mündigkeit des Individuums zu tun haben. Für die Integration von Muslimen, insbesondere muslimischer Kinder und Jugendlicher, ist zweifellos Sprach- und Kultur- bzw. Geschichts- und Gemeinschaftskundeunterricht sowie Bemühungen um die Teilnahme an Sport- und Schwimmunterricht wichtiger. *Das Konzept von Adnan Aslan fördert nicht Integration, sondern Segregation* - auch wenn dies aparterweise von offenbar ebenso fundamentalistisch orientierten christlichen Pädagogen unterstützt wird, die der Überzeugung sind, damit viel Gutes zu tun und besonders interkulturell korrekt zu arbeiten. Dass dahinter sehr konservative bis reaktionäre Wertvorstellungen stehen, die gegenwärtigen Entwicklungen und Gegebenheiten nicht (mehr) entsprechen, wird nicht reflektiert.

Fallbeispiel 3
Pädagogisches Konzept des Halima Kindergarten e. V., Tübingen

Das vorliegende Konzept wurde von Dr. Süleyman Böhringer, einem deutschen Muslim protestantischer Herkunft und von Beruf Heilpraktiker, entworfen. Der Halima Kindergarten e. V. versteht sich als religiöser Kindergarten, der der interkulturellen Erziehung verpflichtet ist.[108] Der Name ist dabei Programm: Das Wort „halima" bedeutet im Arabischen soviel wie „sanft, milde, gutmütig, geduldig".[109] Das Konzept wurde im Gemeinderat als Vorschlag bzw. Antrag im Frühjahr 2001 eingebracht und von der Abstimmung im Sozialausschuss gekippt, da sich eine Mehrheit der Stimmen dagegen aussprach.[110]

Das Konzept beginnt mit der Basmala „Im Namen Allahs des Allerbarmers, des Barmherzigen" und stellt zugleich Ziele und Aufgaben zusammen, die wie eine Orientierung an den Menschenrechten der Vereinten Nationen anmutet und sehr staatstragend wirkt: „Zum Aufbau einer stabilen Werthaltung und zur Gewissensbildung gehört eine Erziehung mit religiöser und weltanschaulicher Ausrichtung."[111] Sehr deutlich wird auf Seite 3 als Erziehungsziel formuliert, dass „Gut und Böse keine Frage der Haut bzw. Haarfarbe oder der Religion ist".[112] Das Einbringen religiöser Erfahrungen in der Erziehung wird grundsätzlich als positiv gewertet; das Kind soll im Kindergarten ermuntert werden, „religiöse Grunderfahrungen wie Geborgenheit-Angst, Freude-Not, Verlust-Tröstung, Begeisterung mitzuteilen und im Gespräch mögliche Antworten zu suchen", in der

---

108 Diese Orientierung wird im gesamten Konzept immer wieder betont, z. B. S. 2, 3, 18.
109 In der arabischen Wurzel des Wortes steckt jedoch auch: Traum; Milch.
110 Schwäbisches Tagblatt vom 03.04.2001: "Modellversuch gekippt".
111 Konzept des Halima Kindergartens e. V., S. 2.
112 In solchen Aussagen spiegeln sich Universalitätsansprüche monotheistischer Religionen wie Islam und Christentum; allerdings haben solche Wertvorstellungen nichts mit Religion zu tun, sondern mit zivilrechtlichen Wertorientierungen in Anlehnung an die Menschenrechte der Vereinten Nationen. Erst hier wurde die Gleichheit der Menschen als Bürger festgeschrieben.

Aufzählung der Eigenschaften Gottes wird der zornige Gott ausgespart.[113] Es wird betont, dass der Halima Kindergarten als „bewußt erlebte alters-, kultur- u. religionsgemischte Gruppe ... individuelle Entwicklungsprozesse" begünstigt und das pädagogische Handeln des/der Erziehers/in unterstützt.[114] Eine weitere Forderung und Maßnahme sollen regelmäßige Elternsprechstunden der pädagogischen Fachkräfte sein, wobei als Grundvoraussetzung „...wie bei allen Gesprächen mit Eltern, Takt und Einfühlungsvermögen des/der Erziehers/in" sein.[115] Als weiterer wichtiger Punkt wird die „Zusammenarbeit zwischen Kindergarten und Grundschule" ausgeführt: „Die Kooperation mit der Schule ist ein weiteres pädagogisches Anliegen des Kindergartens und durchdringt seine ganze Arbeit".[116] Als Schwerpunkte der Kindergartenpädagogik werden hier nun „ganzheitliche Aspekte" genannt: „Da Ziele, Inhalte und Verfahren der Schwerpunkte mit dem eigenständigen Erziehungs- und Bildungsauftrag des Kindergartens übereinstimmen müssen, gelten als wichtige Auswahlkriterien Vielseitigkeit, Offenheit und Einbettung in die kindliche Lebenswelt... Die einzelnen Schwerpunkte sind dabei so miteinander verzahnt, daß jede Trennung und Gliederung künstlich und mehr oder weniger willkürlich erscheint, so kann von *einem* Schwerpunkt aus die gesamte pädagogische Arbeit transparent gemacht werden, wenn sich z. B. im Spielen die Möglichkeit zur Sprachförderung, zu situativen Umwelterfahrungen, zu sozialem Lernen u. a. m. ergeben."[117] Die Betonung „ganzheitlicher Aspekte" mutet nun auf den ersten Blick alles andere als „islamisch" an, sondern erinnert an anthroposophische bzw. esoterische Begrifflichkeit. Als feste Erkenntnis wird formuliert: „Auf der Entwicklungsstufe des Kindes besteht die Bestimmung und Erfüllung der menschlichen Existenz im Spielen. Das ist überhaupt nur Kind, weil und indem es spielt. Ein Kind, das nicht spielt, ist nicht normal oder krank."[118] Der freizügige, kindgerechte Umgang für Kinder mit Sprechen, Sprache, Umwelt, Bewegung, Musik, Ästhetik und Verkehrserziehung wird befürwortet, die Entfaltung der Ausdrucksfähigkeit durch Kritzeln, Sandeln, Matschen, Planschen usw. im freien Spiel wird, neben dem strukturierten Spielen, betont. Ebenfalls wird

---

113 Halima, a. a. O., S. 4.
114 a. a. O., S. 6.
115 a. a. O., S. 7.
116 a. a. O., S. 9.
117 a. a. O., S. 9.
118 a. a. O., S. 10.

die Notwendigkeit der Möglichkeit zum „Nichtstun", zum „freilassen" befürwortet.[119] Auch die Komponente spielerischen Lernens in verschiedenen Bereichen wird betont, ohne dass irgendein Hinweis auf Geschlechtertrennung zu finden ist.[120] Auf Seite 16 erscheint im Kontext des Umgangs mit dem „bedrückten Kind" ein Begriff (im folgenden fett gedruckt), der erklärungsbedürftig erscheint: „Durch solche Präsenz kann sich ein vertrauensvoller Umgang miteinander entwickeln, der bestimmt ist durch eine immerwährende **„unterirdische Dialogik"**,[121] eine Atmosphäre, in der sich die Kinder frei und geborgen fühlen."[122] Vermutlich ist hier gemeint, dass der Erzieher durch seine teilnehmende Begleitung des bedrückten Kindes im Spiel seine innere Teilnahme ausdrückt, ohne in seine Intimsphäre einzudringen. Bei Martin Buber, der hier von Böhringer zitiert wird, heißt es: „Das erzieherische Verhältnis ist ein rein dialogisches. Ich habe auf das Kind hingewiesen, das, halbgeschlossener Augen daliegend, der Ansprache der Mutter entgegenharrt. Aber manche Kinder brauchen nicht zu harren: Weil sie sich unablässig angesprochen wissen, in einer nie abreißenden Zwiesprache. Im Angesicht der einsamen Nacht, die einzudringen droht, liegen sie bewahrt und behütet, unverwundbar, im silbernen Panzerhemd des Vertrauens...Freilich kann er (Anm. d. Autorin: der Erzieher) sich nicht in einem fort mit dem Kind befassen, weder tatsächlich noch auch in Gedanken, und soll's auch nicht. Aber hat er es wirklich aufgenommen, dann ist jene unterirdische Dialogik, jene stete potentielle Gegenwärtigkeit dies einen für den anderen gestiftet und dauert..."[123]

Insgesamt betont das pädagogische Konzept des Halima Kindergartens, die Kinder zu ihrer eigenen Aktivität anzuregen, sich selbst mit der ErzieherInnentätigkeit aber zurückzunehmen, wenn die kindliche sich entfaltet: „Wichtig bleibt auch hier, wie bei allem Tun

---

119 a. a. O., S. 12.
120 a. a. O., S. 15.
121 Böhringer zitiert hier Martin Buber, der diesen Begriff geprägt hat.. Buber spricht tatsächlich von einer „dialogischen Grundbeziehung zwischen Erzieher und Kind", der Begriff „unterirdische Dialogik" taucht bei ihm in seiner Schrift „Über das Erzieherische" auf. Vgl. hierzu Martin Buber, Reden über Erziehung, S. 40, Verlag Lambert Schneider, Heidelberg, 1953, sowie Martin Buber, Das dialogische Prinzip. Verlag Lambert Schneider, Gerlingen, 1962.
122 a. a. O., S. 16.
123 Buber, a.a.O. „Über das Erzieherische", S. 39f.

im Kindergarten, die Kinder ohne Leistungsanspruch wirken zu lassen;"[124] jedoch sollen die angebotenen Tätigkeiten bzw. Forderungen „etwas über dem Leistungsniveau der Kinder" sein. Betont wird im Konzept die Person des Erziehers/der Erzieherin als in der Regel erste Bezugsperson des Kindes außerhalb der Familie: „...der erste Erwachsene außerhalb der Familie, der als Bezugsperson und Identifikationsfigur bedeutsam wird. Er/Sie besitzt für die Kinder eine hohe Autorität. Sie versuchen, eine emotionale Beziehung zu ihm aufzubauen, identifizieren sich mit ihm und imitieren sein Verhalten. Der/die ErzieherIn muß sich also bewußt sein, daß sein/ihr Verhalten, beispielsweise die Art des Umgangs mit den Kindern sowie die Methoden, den Umgang der Kinder untereinander zu lenken, als Modell dienen wird und folglich die angestrebten Verhaltensweisen vorleben."[125] Sehr sympathisch mutet im Konzept an, dass der Punkt „Streiten – Sich Versöhnen" thematisiert wird und konkrete Schritte zur friedlichen Konfliktlösung, mit Hilfe der Erzieher, durchgegangen werden, einschließlich der Erklärungsmöglichkeiten zur Kompromissfindung für die zerstrittenen Kinder.[126] Auf Seite 22 wird deutlicher, was die Entwerfer des Halima-Konzepts unter „religiösen Dimensionen" verstehen: Unter dem Abschnitt „Mitfühlen" heißt es am Schluss: „So gewinnt das Leben in der Gruppe religiöse Dimensionen: Grunderfahrungen wie Geborgenheit – Angst, Freude – Not, Verlust – Tröstung, Streit – Versöhnung, Liebe – Haß werden mitgeteilt und beispielhaft vorgestellt." „Religiös" bedeutet hier eindeutig „sozial" bzw. Erziehung zum „sozialen Wesen", zu gutem Sozialverhalten, zur Team- oder Gesellschaftsfähigkeit, wie man es am liebsten ausdrücken möchte. Es geht um den Erwerb der sozialen Kompetenz der Kinder in einer gemischt-ethnischen bzw. gemischt-religiösen Gesellschaft, wie der Begriff „interkulturell" wohl gemeinhin zu verstehen ist. Das sehr offen anmutende Konzept des Halima Kindergartens wird durch die Begegnung bzw. den Austausch mit anderen Kindergärten unterstrichen.[127]

Ein weiterer bemerkenswerter Aspekt im Halima-Konzept ist derjenige von „Sprechen und Sprache". Es ist ein bekanntes Problem, dass Kindergärten und Schulen mit hohem Migrantenkinderanteil damit konfrontiert werden, dass die Kinder häufig große Schwie-

---

124 a. a. O., S. 17.
125 a. a. O., S. 19.
126 a. a. O., S. 21.
127 a. a. O., S. 23.

rigkeiten mit ihrer sprachlichen Ausdrucksfähigkeit haben. Daher wird die Kritik an der Sprache des Kindes im vorliegenden Konzept abgelehnt; auch heißt es: „Die Kinder werden durch Sprechübungen, Abhören oder Ausfragen nicht zum Sprechen motiviert, sondern dadurch überfordert. – Beim Vorlesen, Erzählen oder Vorspielen von Geschichten oder Märchen, Auswendiglernen von Liedern, Gedichten und Reimen schafft der/die Erzieherin Anlässe, Sprache und Sprechen bewußt zu erleben und unbewußt zu lernen. Sprachförderung im Kindergarten heißt vor allem sprachanregende Situationen zu schaffen, in denen Kinder hören und sprechen, Sprache erleben und Sprache erproben und sich selbst durch Sprache mitteilen. Sprachförderung ist eingebettet in den Kindergartenalltag und die regelmäßigen Ausflüge..."[128] Abgesehen davon, dass kleine Kinder in der Regel gerne Geschichten und lustige Gedichte hören, dürfte das Vorlesen nicht nur die Sprachfähigkeit, sondern auch die Konzentrationsfähigkeit der Kinder fördern. Schön mutet auch die Integration von Gestik und Mimik als Bestandteil der Sprache an, was über das reine gesprochene Wort hinausgeht. Auch die Betonung der Fähigkeit und Bereitschaft des Zuhörens der Erwachsenen erscheint sehr positiv: „Dem großen Mitteilungsbedürfnis der Kinder stehen oft sprachliche Unbeholfenheit, psychische Hemmungen und mangelnde Aufmerksamkeit der umgebenden Personen im Wege. Der/die ErzieherIn hat hier wie überall Vorbildfunktion, er/sie unterbricht selbst wichtige Tätigkeiten, um einem Kind zuzuhören und begründet eventuell Beteiligten die Unterbrechung. Die Kinder spüren wie wichtig ihre Miteilungen dem Erzieher sind, sie fühlen sich bestärkt ihrerseits das Gespräch mit dem Erzieher zu suchen. Er/sie bewundert, lobt und erzählt in der Hoffnung, das Kind mit eigenen Erzählungen erwidert... Ein Erzieher, der Auseinandersetzungen nur mit der Autorität des Erwachsenen zu schlichten versucht, hindert Kinder daran, selbst nach brauchbaren Übereinkünften zu suchen, diese durch Miteinandersprechen bewußt werden zu lassen, zu analysieren und gegenseitiges Verstehen aufzubauen. Dabei
überläßt der/die ErzieherIn die Kinder nicht sich alleine, sondern bleibt bei ihnen und versucht bei Bedarf Anregungen zu geben, zu trösten, Schaden wieder gutzumachen, zu loben..."[129]

---

128 a. a. O., S. 25.
129 a. a. O., S. 26.

Einen hohen Stellenwert im Halima-Konzept hat die religiöse Erziehung, die wie folgt definiert wird: „Aufgabe der Erziehung im Kindergarten ist es, Kinder in ihrer gesamten Persönlichkeit zu fördern. Solche ganzheitliche Erziehung nimmt die Erziehung in der Familie auf, ergänzt und unterstützt sie...religiöse Erziehung in diesem allgemeinen Sinne ermöglicht es ihm (dem Kind), entsprechende Erfahrungen zu machen und sich in der Vielfalt und Widersprüchlichkeit seines Lebens zu orientieren... Unbeschadet seiner persönlichen religiösen und weltanschaulichen Bindung schuldet jeder Erzieher um der ganzheitlichen Erziehung und Entfaltung des Kindes willen dem Kind die Erschließung religiöser Grunderfahrungen und Lebensformen... Deshalb gibt es keine „neutrale", sondern immer nur geprägte religiöse Erziehung... Religiöse Erziehung in muslimischer Verantwortung geht von der Voraussetzung aus, daß Gott ein einiger Gott ist und die Kinder, die Menschen liebt und sie deswegen rechtleitet. Dies findet seinen Ausdruck in vielen Erzählungen und Bekenntnissen im Koran und anderen heiligen Schriften und im Leben der verschiedenen Propheten."[130]

Als Zielsetzung dieser religiösen Erziehung wird folgendes genannt:

– Das Kind soll hören und erleben, dass es von Gott angenommen, bejaht und geliebt ist. Das Erzählen koranischer oder biblischer Geschichten und alltäglicher Begebenheiten sowie der liebevolle Umgang mit der Gruppe und dem einzelnen Kind gehören zusammen; sie ergänzen einander und interpretieren sich gegenseitig.

– In dieser Art ganzheitlicher Erziehung soll das Kind islamischen bzw. christlichen Wissensinhalten in kindgemäßer Form begegnen, es soll Gefühle der Geborgenheit und der Ehrfurcht entwickeln können und Gelegenheit erhalten, religiöse Lebensformen (Gottesdienst) zu beobachten, zu hinterfragen, zu verstehen und aufzunehmen.

Es wird jedoch eingeräumt: „Einige Kinder können wenig oder gar nichts mit religiösen Inhalten anfangen; andere sind mit Elementen religiöser Tradition vertraut; wieder andere lehnen ab, was mit religiösen Ausdrucksformen und Inhalten zu tun hat. Im Kindergarten erfährt das Kind, daß seine gewohnte Einstellung zu religiösen Ausdrucksformen (z. B. Gebet) und Inhalten (z. B. koranische bzw. biblische ... Geschichten, Geschichten über die Propheten (Muham-

---

130 a. a. O., S. 27.

mad, Jesus, Noah, Jonas, Moses...) nicht die einzige Möglichkeit ist. Es wird zustimmende, kritische, staunende, fragende, lachende, spottende und ablehnende Stimmen zu religiösen Fragestellungen im Kreise seiner Spielgefährten hören."[131]
Religiöse Erziehung gilt im Halima-Konzept als „dringliches und unverzichtbares" Thema der Elternarbeit.[132] Als Bestandteile religiöser Erziehung werden „von Gott reden, Beten, Gewissenserziehung, vom Tod sprechen u. ä." genannt.[133] Die Transzendenz in der Konzeption des Halima-Kindergartens kommt in der Stellungnahme zu „Natur – Gottes Schöpfung" deutlich zum Ausdruck: „Fast alle Religionen haben diese Einsicht auf die Grundaussage bezogen, daß die Erde nicht des Menschen Macht und Gewalt entspringt, sondern Gottes Schöpfung ist. In den Aussagen verschiedener Religionen verdichtet sich dies auch zum Bekenntnis, daß Gott als Schöpfer allein Macht über diese Schöpfung und seine Geschöpfe hat und sie erhält. Die Begegnung mit der Schöpfung ist für den Menschen mit Staunen vor dem Schöpfer, dessen Güte und Barmherzigkeit verbunden. Die Verfügungsgewalt über Teile dieser Schöpfung hat der Mensch dann auch diesem Schöpfer gegenüber zu verantworten. Der Bund Gottes mit dem Menschen birgt die Hoffnung, daß diese Welt trotz aller Bedrohungen eine sinnvolle Zukunft hat. Er enthält auch die Verpflichtung für den Menschen, seine Verantwortung zum Besten der Schöpfung wahrzunehmen."[134] Im weiteren klingt Kritik an übertriebener Technikgläubigkeit sowie dem verbreiteten Machbarkeitswahn an; dem Kind soll das Verständnis von Maschinen sowohl als „Hilfe" als auch als „Bedrohung" vermittelt werden. Der Mensch habe vor Gott die Verantwortung, aufgrund seiner Talente verantwortungsvoll mit diesen umzugehen: „Wo ihn seine schöpferische Leistungsfähigkeit so fasziniert, daß er diese Verantwortung vergißt, wird er überheblich und rücksichtslos gegenüber dem Mitmenschen... Zwar kann er z. B. mit einem Rollstuhl Lahme „gehend" machen, aber weder mit technischen Mitteln unheilbare Krankheiten noch gar den Tod überwinden. Der Mensch bleibt selbst als Schaffender immer noch Geschöpf und seine Macht oder Vollmacht damit begrenzt. Er ist angewiesen auf die besondere Hilfe und Liebe und Vergebung Gottes."[135] Um einer unbegrenzten

---

131 a. a. O., S. 27f.
132 a. a. O., S. 28.
133 a. a. O., S. 29.
134 a. a. O., S. 30.
135 a. a. O., S. 31.

Technikgläubigkeit etwas entgegenzuhalten, werden folgende Aktivitäten aus dem mechanischen und sozialen Bereich empfohlen: „Spiele mit konstruktiven Spielmaterialien (Fischer-Technik, Baufix, Lego o. ä. ...), Werken, Experimentieren, Telefonieren, Besuche bei Behinderten und Alten, Besuch im Verkehrsmuseum, auf einer Baustelle, im Krankenhaus, in einer Fabrik..."[136] Auch das Verständnis und der Umgang mit „Zeit"[137] und „Liebe" bzw. „Geliebtwerden ohne Gegenleistung"[138] werden thematisiert; insgesamt ist eine sehr soziale Ausrichtung auf die Vermittlung von Werten wie gutes Sozialverhalten, innere Zufriedenheit, Respekt gegenüber Schwächeren, Respekt vor der Natur, Fähigkeit zur Lebensbewältigung, Fähigkeit zum Zugeben von Schwächen, innere Freiheit festzustellen, die in dieser pädagogisch durchdachten und gut aufbereiteten Form bei den vorausgegangenen Konzepten fehlt.

Allerdings gibt es eine Stelle, an der ein **wesentliches Prinzip fundamentalistischen Denkens** deutlich wird: **Das Ordnungsprinzip** oder **das Prinzip der Übersichtlichkeit**. In der Kombination mit der Betonung des Erzählens biblischer und koranischer Geschichten für Kinder (und offensichtlich keine anderen, denn andere werden nicht erwähnt!) wird die religiöse Konzeption verstärkt und erscheint durchaus als **gemäßigt fundamentalistisch**.

Es erscheint auf Seite 40 in der Auseinandersetzung mit der Spieleinheit „Bauen" und dem dazugehörigen Material. Dort heißt es: „Viele Bausteine gleicher Form sind für das Bauen ergiebiger als vielerlei Formen...Die Bausteine werden in entsprechenden Kästen geordnet aufbewahrt, nicht lose in Kisten und Säcken. **Nicht Chaos, sondern überschaubare Ordnung soll das Kind unbewußt erfahren.**[139] Bauzutaten leiten das Bauspiel in das Rollenspiel über. Solange jedoch das Kind die Steine für alles einsetzen kann, sind Bauzutaten störend für die kindliche Phantasie. *Konstruktionsspielzeug*[140] hat vorgefertigte Verbindungsmöglichkeiten. Nute – Loch und Stäbchen – Schraube und Mutter usw. Es ist erst dann für das Kindergartenkind geeignet, wenn dieses umfassende Erfahrungen mit dem einfachen Baustein gemacht hat. Ergänzendes Material: Äste, Tannenzapfen, Muscheln, Kastanien u. ä."

---

136 a. a. O., S. 31.
137 a. a. O., S. 32.
138 a. a. O., S. 33.
139 Fettdruck zur Hervorhebung auf Wunsch der Autorin.
140 Kursiv im Original.

Dies steht nun im Widerspruch zu bereits für Kleinkinder ab 2 Jahren bei uns empfohlenen Spielsachen. Ich denke z. B. an die kleinen Würfel aus Kunststoff, die auf jeder Seite eine Öffnung mit unterschiedlicher Form haben. Die kleinen Zweijährigen spielen unglaublich gerne mit diesen Dingern, mit denen sie bereits in diesem Alter lernen, das für diese Öffnung passende Förmchen zu erkennen und dort hineinzustecken, was jedes Mal ein tolles Erfolgserlebnis für sie ist. So lernen bereits Kleinkinder v o r dem Kindergarteneintritt das Erkennen und Zuordnen verschiedenartiger Formen und Umrisse; ihre Sensibilität und Wahrnehmung komplexerer Dinge wird deutlich angeregt. Des weiteren erinnere ich mich aus meiner eigenen Kindheit (und kenne zahlreiche Beispiele aus dem Freundes- und Bekanntenkreis), mit welcher Begeisterung kleine Kinder Basteln, Schneiden, Schrauben, Reparieren, Hämmern usw. und mit deutlich verschiedenartigen Bauklötzen sehr konstruktiv bauen können. Die Beschränkung auf ein und dieselbe Form für Kleinkinder bzw. Kindergartenkinder erscheint meines Erachtens mindestens als altmodisch und nicht sinnvoll, um Kinder auf die sie erwartenden komplexen Lebensverhältnisse vorzubereiten, schon gar nicht in der sogenannten „interkulturellen" Erziehung, die zum Erkennen, Aushalten und respektvollen Umgang mit unterschiedlichen Lebenswelten und Wertvorstellungen ja vorbereiten soll. Um sich im „Chaos" einer komplexen, multi-religiösen und multiethnischen Lebenswelt zurechtzufinden, kann es nicht schaden, frühzeitig zu lernen, sich in der Strukturierung desselben zu üben und die Orientierung im Bereich unterschiedlicher Formen und Gestaltungen dieser Welt zu finden. Dies geschieht zweifellos nicht im gleichförmigen Üben der Handhabung einseitiger Formen und Tätigkeiten im Kleinkindalter, die die Wahrnehmungsfähigkeit nicht trainieren, sondern eher einzuschränken und erstarren zu lassen scheinen. Im übrigen steht die Betonung der `überschaubaren Ordnung´, die das Kind erfahren soll, im Widerspruch zu dem wenige Zeilen später genannten „Freier Umgang mit Materialien/Elementare textile Verfahren": „Das Erleben und Erkunden von Materialien ist für alle Bereiche der ästhetischen Erziehung selbstverständliche Grundlage. In freiem Umgang mit Materialien verzichtet der/die ErzieherIn bewußt darauf, Anregungen zu geben. Das Materialangebot selbst regt die Kinder an, sich selbständig Ziele zu setzen und sie in Gruppen zu verwirklichen". Dies ist sicher richtig; dennoch ist es nicht grundsätzlich schlecht, eine Zielsetzung im Sinne einer kleinen Aufgabe, die es zu erfüllen gilt, vorzugeben.

Man sollte vielleicht Beides im Kindergarten in der Praxis anwenden. Kleine Kinder erlangen dadurch schon früh eine Schärfung der Sinne und haben von klein auf Erfolgserlebnisse durch eigenes Werkeln und Zuordnen.

Weiter heißt es auf Seite 46: „Rhythmik beeinflußt bzw. reguliert die menschliche Psyche. Im Bewegungsbild eines Menschen spiegelt sich sein seelisches Befinden. d. h. der psychische Zustand einer Person findet Ausdruck in ihrer Handlung." Das ist sicherlich nicht falsch; zugleich erscheint es mir eine zu verkürzte Interpretation bzw. Möglichkeit dessen, wozu Rhythmik dienen und was sie bewirken kann. Im Bewegungsbild eines Menschen können sich vor allem somatische Probleme spiegeln, aufgrund einer Behinderung oder Erkrankung, die für Außenstehende nicht immer eindeutig erkennbar ist. Der ausschließliche und alleinige Rückschluss auf die mögliche seelische Befindlichkeit eines Menschen aufgrund seines nach außen erscheinenden Bewegungsbildes erscheint mir nicht nur problematisch, sondern geradezu fahrlässig im Hinblick auf die Möglichkeit fataler Fehleinschätzungen und daraus resultierender Diskriminierungen.

Insgesamt erscheint das Konzept des Halima-Kindergartens zunächst positiv. Insbesondere lässt sich feststellen, dass an keiner Stelle des Entwurfs ein Hinweis auf Geschlechtertrennung zu finden ist, weder für die Zeit des Kindergartens noch für die Zukunft. Die pädagogischen Einheiten erscheinen gut strukturiert und gut durchdacht, insgesamt reif und reflektiert. Eine islamistische Ideologie ist nicht feststellbar, zumindest nicht offenkundig. Der Entwurf ist über- bzw. multikonfessionell gehalten, jedoch mit starker Betonung auf Religiosität und Innerlichkeit. Diese Religiosität entspricht eher einem universalen Seelen- und Gott-Gedanken, hat jedoch an keiner Stelle einen normativen bzw. teilweise juristischen Charakter, wie dies in den beiden vorhergehenden Beispielen der Fall ist. Hierbei mag die Konversion Süleyman Böhringers vom protestantischen Christentum zum Islam sowie sein Beruf des Heilpraktikers eine Rolle spielen; letzteres könnte den zarten Hauch von Esoterik in der Konzeption erklären. Auffällig ist lediglich die Postulierung von Religiosität als Grundlage menschlichen Verhaltens und Erlebens, als Grundlage der Welt, in der wir leben und als Grundlage des Ertragens dieser Welt[141]; des weiteren das obenge-

---

141 Ich würde anhand der Analyse des Halima-Konzeptes Süleyman Böhringer unterstellen, dass er den substantiellen Religionsbegriff (Religions-

nannte **Prinzip der Ordnung** und die **Ablehnung von Chaos**, das eindeutig negativ nuanciert ist und mit Irritationsmöglichkeiten bzw. Unübersichtlichkeit in Verbindung gebracht wird.

Irritierend ist allerdings, dass das Konzept des „Halima-Kindergarten" von Muslimen vorgelegt wurde, die – wie im Fall von Süleyman Böhringer – fremden Frauen, insbesondere Nichtmusliminnen, nicht die Hand geben.[142] Dies kann als Indiz von islamistischem Denken und Handeln gewertet werden; es entsprich im übrigen dem mehrfach beobachteten und zitierten Verhalten der Lehrerin Fereshta Ludin, die eine Zeitlang an einer Berliner Schule der „Islamischen Föderation Berlin e. V." tätig war, deren Zugehörigkeit zu Milli Görüs unbestritten erscheint, auch wenn sie dies gern verneint.[143] Dies entspricht auch der sonstigen, zwar äußerst sanften, aber extrem zurückhaltenden und auf Distanz zur Umwelt bedachten Verhaltensweise des vorzugsweise afghanisch anmutende Kleidung tragenden Süleyman Böhringer und seiner bis zum Boden in durchgeknöpftem Grau verhüllten und Kopftuch-tragenden türkischen Ehefrau. Dies lässt, bei aller Sanftheit, nicht unbedingt auf eine liberale Haltung schließen. Schließlich ist auch die Frage berechtigt, weshalb und was denn nun am „Halima-Kindergarten" so besonders islamisch sein soll, wenn er einerseits kaum etwas Anderes als allgemeingültige pädagogische Prinzipien und Richtlinien, verpackt in esoterisch angehauchter Form, in seinem Konzept hat, sich andererseits aber betont „islamisch-multikulturell" verstanden haben will. Dies mutet eher unorthodox an, so wie Süleyman Böhringer seit Jahren durch sein Auftreten von vielen Ansässigen gerne als „Sufi" bezeichnet wird/wurde.[144] Alle im Konzept erwähnten und betonten erzieherischen Richtlinien der Liebe, des Vertrauens, der Tröstung usw. sind die üblichen Erziehungsziele, die man sich

---

phänomenologie nach Otto, Heiler und Schleiermacher) vertritt und innehat, nicht den soziologischen im Sinne Emile Durkheims: Also Religion als schon immer vorhandene „Essenz", nicht als Hypostase einer menschlichen Gemeinschaft, die ihr Zusammenleben durch moralische Kategorien regeln muss (die sie selbst „erfindet"). Böhringer argumentiert letztendlich metaphysisch.

142 So die Aussage der an der Besprechung des Kindergartenentwurfs beteiligten Biologin und Religionswissenschaftlerin Birgit Hohlweck in Tübingen.

143 Der SPIEGEL Nr. 40/29.09.2003: „Das Prinzip Kopftuch. Muslime in Deutschland". Titelgeschichte: Das Kreuz mit dem Koran, S. 82ff.

144 Auch dies würde ins Bild des sanften, esoterisch angehauchten Heilpraktikers passen.

für Kinder gemeinhin wünscht; sie sind insofern nicht speziell „islamisch" oder „christlich" oder „religiös" zu werten. Allerdings sei noch einmal die **ausschließliche Betonung des Erzählens biblischer und koranischer Geschichten** sowie das **Prinzip der Ordnung** (beim Spielzeug und beim Spielen) erwähnt. Dies entspricht einem klaren religiösen Grundkonzept mit fundamentalistischen Anklängen. Die Ablehnung von freiem Spiel in dem Sinne, dass den Kindern dabei auch anderes Spielzeug als ausschließlich Naturmaterialien zur Verfügung gestellt und benutzt werden dürfen und sie Bauklötze und anderes nicht in Kisten und Säcke füllen dürfen zum Aufräumen, sondern einzeln wohlgeordnet und übersichtlich in entsprechende Kästen einsortieren müssen, wie ebenso die Ablehnung von geistig anregendem Umgang mit unterschiedlichen Formen und deren passender Zuordnung zueinander deutet durchaus auf eine gewisse Zwanghaftigkeit in der Ordnungsauffassung hin, die **gerade nicht** dazu dient, das Kleinkind zu fördern. Im Gegenteil: Es mutet eher streng und bevormundend an und wird als erzieherische Maßnahme nicht dazu dienen, das Kind im Umgang und Entdecken seiner Umwelt zur Autonomie und Selbständigkeit zu erziehen, sondern zum genauen Gegenteil. Des weiteren lässt sich eine starke Überbetonung der „Natur", also der „Natürlichkeit", gepaart mit einer gewissen durchscheinenden Technik- bzw. Technologiefeindlichkeit in der Konzeption feststellen, die durchaus in das Bild von esoterischer Naturmystik, Sufismus und Anthroposophie passt, auch wenn nichts davon explizit ausgesprochen wird, sondern sich eher im Nichtvorhandensein und der Betonung des Gegenteils sowie der überbetonten Sanftheit ausdrückt (die man real im Kindergarten wohl kaum finden dürfte angesichts übersprudelnder vitaler Kleinkinder, die springen, schreien und toben und nicht unbedingt „natürlich" schweben). Dieser Zug der „Sanftheit" und „Natürlichkeit", der sich durch das Konzept des Halima-Kindergartens zieht, mutet durchaus schon ideologisch an.

Die Grundsätze und Vorgehensweisen des „Halima-Kindergartens" erinnern dabei durchaus stark an die Erziehungsrichtlinien der Anthroposophen, die in ihren Unterrichtseinheiten – z. B. im Fach Kunst – alles andere als die Autonomie des Kindes und den eigenständigen Umgang mit Form, Farbe und Material fördern, sondern strikte Vorgaben machen, die bei Ausstellungen und Betrachten der in Waldorfschulen gefertigten Produkte (Bilder, Bastelarbeiten usw.)

eine ungeheure Gleichförmigkeit erkennen lassen.[145] Egal, ob man im Goetheanum in Dornach in der Schweiz oder in der Tübinger oder Stuttgarter Waldorfschule die im Kunst- und Handwerksunterricht gefertigten Produkte der Kinder betrachtet: Es scheint auf einer einheitlichen Farblehre und strikten Vorgaben beim Umgang mit Material zu beruhen, was dort produziert wird. Insofern ist festzustellen, dass das Konzept des „Halima-Kindergarten" keinesfalls die Kreativität und Autonomie des Kindes fördert, sondern das Befolgen und Einhalten von vorgegebenen Normen und Richtlinien, die im Bereich des Sich-Aneignens der Umwelt und der Welt in dieser Altersstufe befremdlich wirken, da sie die Kinder nicht angemessen auf ihre sonstige und spätere Umwelt vorzubereiten scheinen. Dies gilt ebenfalls für die Vorgabe, betont und ausschließlich Geschichten aus Koran und Bibel zu erzählen, was meines Wissens nicht einmal durchschnittliche konfessionell gebundene Kindergärten tun.

Als Schlussbemerkung zum „Halima-Kindergarten" kann daher festgehalten werden, dass es sich um ein sanft anmutendes, religiös bis zart verpacktes „fundamentalistisches" Grundkonzept handelt, welches den modernen Anforderungen an Erziehung für eine komplexe, multikulturelle, säkulare Gesellschaft nicht gerecht wird. Das Fehlen jeglicher Äußerungen zu einer Geschlechtertrennung in der Erziehung mag am zu erwartenden Alter der Kinder liegen, denn auch innerislamisch ist der Beginn der Geschlechtertrennung in der Erziehung und die Verhüllung der Mädchen ein Streitpunkt. In der Regel kann man als Richtlinie gelten lassen, dass die Mädchen im traditionellen bis konservativen Islam nicht vor dem 9. Lebensjahr verhüllt werden, also dem Zeitpunkt ihrer Rechtsmündigkeit nach den Prinzipien der Scharia,[146] die sich hierbei offensichtlich am Zeitpunkt des Vollzugs der Ehe (sprich: Geschlechtsverkehr) der kleinen Aisha, der Lieblingsgattin des Propheten Muhammad, orientiert.

---

145 Beobachtet während verschiedener Martini-Märkte, Weihnachtsbasare und Ausstellungen in Waldorfschulen in Tübingen, Stuttgart und in Dornach/ Schweiz. Die Farbgebung und Gestaltung sämtlicher betrachteter Bilder sowie handwerklicher Kunstgegenstände ähneln sich in allen besuchten Waldorfschulen; sie spiegeln Naturverständnis und esoterische Weltsicht der Anthroposophen wider.

146 Silvia Tellenbach, Strafgesetze, a. a. O., S. 42, Anmerkung10: „Mündig ist nach islamischem Recht derjenige, der die Geschlechtsreife erlangt hat; unabhängig davon finden sich dazu Altersangaben, die für Mädchen 9, für Knaben 15 Jahre betragen (vgl. Art. 1210 iran. ZGB)".

Daher spielt Geschlechtertrennung und Verhüllung beim Halima-Konzept noch keine Rolle.

Fazit

Zentrale Merkmale aller untersuchten Beispiele sind **klare festgelegte Ordnungsprinzipien**, die religiös begründet werden und sich in den beiden ersten Fällen (Nurcus und Adnan Aslan/Milli Görüs, Stuttgart) eindeutig an traditionellen bis konservativ-islamischen Wertvorstellungen und Rollenbildern für Mann und Frau orientieren, während es im Fallbeispiel 3 eher um die Ordnung und die Vermeidung von „Chaos" bzw. Durcheinander an sich zu gehen scheint (vgl. die Aussagen über Spielzeuge + Formen für kleine Kindergartenkinder). **Zentrales Anliegen in den beiden ersten Fällen ist im wesentlichen die institutionalisierte Kontrolle über die Sexualität, insbesondere die der Frau bzw. des Mädchens.** Die Verhüllung kleiner Mädchen bereits im Kindergarten, wie im Fallbeispiel 1 (Nurcus, Dialogforum Stuttgart), unterschreitet damit sogar noch die von der Islamischen Republik Iran festgelegte Geschlechtsreife für Mädchen vom Alter ab neun Jahren; sie lässt auf saudischen oder anderen strengen Einfluss schließen, ist möglicherweise aber auch einfach eine extrem puritanische Sonderform türkischer Provenienz. Problematisch ist die Vorstellungswelt, die dahinter steckt: Einerseits die empfundene erotische Ausstrahlung und Verführungskraft bereits kleiner Mädchen, die - nicht nur für westeuropäische Maßstäbe - schlicht pädophil anmutet, andererseits die offensichtliche „naturgegebene" Anfälligkeit bzw. Verführbarkeit durchschnittlicher Männer beim Anblick nicht vollständig verhüllter kleiner Mädchen. Als Modell diente hierbei die auch von Muslimen als pikant empfundene, aber oft nicht reflektierte Vereheligung des Propheten mit seiner Lieblingsfrau ‚A'ischa, die er von seinem Freund und späteren ersten Kalifen Abu Bakr per Vertrag in deren zarten Alter von sechs Jahren heiratete; der Vollzug der Ehe – sprich: Geschlechtsverkehr – soll drei Jahre später stattgefunden haben, als das Mädchen neun Jahre alt war.[147] Sehr bedeutsam ist hierbei, dass durch diese Vorstellungswelt praktisch kleinen Mädchen die „Schuld" zugeschoben wird für den eventuellen Fall sexuellen Missbrauchs, da sie ja bereits die Kraft haben, erwachsene Männer zu verführen, die sich dessen nicht erwehren können. Damit werden die Verhältnisse zwischen Verführer und Verführtem

---

147 Vgl. hierzu Artikel „Mohammed (Muhammad)" in: Metzler-Lexikon Religion Bd. 2, S. 474-476.

– und damit die Gewaltverhältnisse! – umgekehrt und somit der erwachsene Mann, der „missbraucht", bereits vorab „ent"schuldigt, da er sich der Verführung aufgrund seiner „Natur" nicht erwehren kann. Der Täter wird zum Opfer, das kleine minderjährige Mädchen zur Täterin.

Problematisch, weil eben fundamentalistisch, ist ebenfalls die Ablehnung von gemischtgeschlechtlichem Sport- und Schwimmunterricht. In der realen Alltagswelt einer säkularen Gesellschaft müssen Mädchen und Jungen bzw. Männer und Frauen den normalen, unverkrampften Umgang miteinander lernen und pflegen, ohne beständig bei jedem Kontakt sexuelle Assoziationen und Konnotationen zu haben und zu fürchten. In deutschen Schulen wird zum Schwimmunterricht in der Regel ein öffentliches Hallen- bzw. Schwimmbad aufgesucht; dort lässt sich der Kontakt mit dem anderen Geschlecht nicht vermeiden. Und das ist gut so und muss geübt werden. Der Sportunterricht findet ab der Pubertät ohnehin häufig nach Geschlechtern getrennt statt und scheint bei jüngeren Kindern jedenfalls kein Problem darzustellen – es sei denn, die Eltern machen eines daraus.

Ebenfalls problematisch erscheint die Festlegung von Mädchen und Jungen auf starre, klare Rollen mit bestimmter Kleidung und bestimmter Funktion, abhängig vom rein biologisch definiertem Geschlecht. Dies widerspricht der Gleichstellung der Geschlechter in Rechten und Pflichten und den Wahlmöglichkeiten, die jeder Mensch bei der Wahl seiner Kleidung, Frisur und geschlechtlicher Orientierung bzw. Wahl des Sexualpartners für sich haben sollte und nach gegenwärtigem deutschen Zivilrecht auch weitgehend hat, sieht man einmal von bestimmten Kleidungskonventionen bei Bankangestellten und Beamten in bestimmten Bereichen öffentlicher Ämter ab. Selbstverständlich besteht hierzulande auch ein Konsens darüber, dass weder Mann noch Frau in Badebekleidung eine öffentliche Funktion ausübt.

Auch die Ablehnung von Sexualkundeunterricht, erst recht koedukativ, ist ein typisches Merkmal fundamentalistischer Orientierung, wie man sie auch von christlichen Gruppen in den USA kennt.[148] Die Tatsache, dass Sexualkundeunterricht durchaus Sexualhygiene und sachliche Aufklärung insbesondere über Geschlechtskrankheiten und AIDS mit einschließt, wird außer Acht gelassen. Wie soll man

---

148 Vgl. hierzu Artikel „Fundamentalismus/Rigorismus" in: Metzler-Lexikon Religion Bd. 1, S. 427-434.

aber in einer Gesellschaft Aufklärung betreiben, die dem Schutz ihrer – auch minderjährigen – Bürger dient, wenn man eben diese Bürger durch Aufklärungsverbote zu unmündigen Geschöpfen degradiert? Genau dies passiert bei Forderungen nach Verbot von Sexualkundeunterricht, der ja in der Regel von dazu ausgebildeten Lehrern und Lehrerinnen bzw. teilweise auch Ärzten und Ärztinnen durchgeführt wird.

Damit sind insbesondere die ersten beiden dargestellten Erziehungsmodelle eindeutig als „fundamentalistisch" zu bewerten und von staatlich-institutioneller sowie politischer Seite her entsprechend zu behandeln. Beim Modell des Halima-Kindergartens mag sich die Autorin in der Zu- bzw. Einordnung schwer getan haben; ein besonders fortschrittliches Konzept zur Förderung des Umgangs verschiedener Kinder unterschiedlicher Herkunft, Religion und Bildung/Sprache scheint es aber auch nicht zu sein. Bei allen Modellen fehlt die eindeutige Orientierung in Richtung auf die Integration in die säkulare demokratische Ordnung, was sich sowohl an der geforderten und konzeptionell erarbeiteten Geschlechtertrennung, Ablehnung des Sexualkunde- und zugleich staatliche Förderung des (fundamentalistischen) Religionsunterrichts als auch am Fehlen der Förderung der deutschen Sprache und sonstiger Bildungsgüter festmacht, die das problemorientierte Bestehen im nicht nur bundesdeutschen Alltag erleichtern würden.

Insgesamt lässt sich zusammenfassen, dass religiöse Gruppen wie die hier beschriebenen in ihren Ansätzen und Konzepten zu religiöser Unterweisung bzw. Religionsunterricht, die zum Teil in den Erziehungskonzeptionen mitschwingen, dies in keinster Weise auf der Grundlage rationaler Theologie tun, die historisch-kritische Methoden und Hermeneutik mit einschließt. Der Koran und die Traditionsliteratur wird in der Regel als Grundlage von Religions- und Rechtsverständnis genommen, auf dem auch die moralischen Wertungen vorgenommen werden, die in islamische Erziehungskonzeptionen mit einfließen, zum Teil – wie im Falle Aslans – unter Heranziehung weiteren islamisch-religiösen Schrifttums, wie beispielsweise Ghazali oder anderer islamischer Rechtsliteratur. Im Prinzip gilt für die Vorgehensweise der genannten Gruppen das, was ein ägyptischer Scheich zur Affäre um den von der Mu'tazila[149]

---

149 Rationale philosophisch-kritisch orientierte Strömung der islamischen Theologie, die heute einen schweren Stand hat, allerdings unter dem Etikett „Neo-Mu'tazila" wieder eine Renaissance zu erleben scheint.

beeinflussten ägyptischen Koranforscher Nasr Hamid Abu Zaid und der Angriffe auf ihn von fundamentalistischer Seite wie folgt beschreibt: „...Quant à dire que le texte d'Abu Zayd signifie „littéralement" que le Coran n'est pas un texte révélé cela me paraìt d'ètre une outrecuidance manifeste. ... La sacralisation du Coran en tant qu'objet, y compris la répétition mécanique de ses versets (que ce soit le *dikr* (11) des soufis ou les récitations sans compréhension des ignorants), tout cela c'est en fait du paganisme. Tel était l'enseignement de nos compagnons il y a mille ans, enseignement qui reste parfaitement valable aujourd'hui..."[150]

Tatsache ist jedenfalls, dass man mit interreligiösem Gefälligkeitspalaver bei der Lösung der Probleme der gegenwärtigen Integrationsproblematik unserer bundesdeutschen Gesellschaft nicht weiter und dem Frieden nicht näher kommt. Als Richtlinie für den Schulunterricht in der Bundesrepublik muss u. a. gelten, dass die Kinder und Jugendlichen in allererster Linie eine gemeinsame Sprache haben und lernen, die zunächst die deutsche sein muss, als *lingua franca der Mehrheitsgesellschaft*. Dass zusätzlich die jeweilige Muttersprache gelehrt bzw. gelernt werden sollte, ist möglicherweise wünschenswert und sinnvoll, muss aber ergänzend und zusätzlich geschehen, nicht vorrangig. Die zweite Frage ist, ob dieser muttersprachliche Zusatzunterricht vom deutschen Staat zu finanzieren ist oder von den Betroffenen, beispielsweise in Form von Elterninitiativen oder auf Vereinsbasis.

Zur Problematik des Islamischen Religionsunterrichts

Die Gefahr der, zur Zeit nach unserer Gesetzeslage berechtigten, Forderung nach einer Einführung eines islamischen Religionsunterrichts liegt schlicht darin, dass diese Forderung am vehementesten von fundamentalistischen Gruppen gefordert wird, auch wenn diese sich wie beispielsweise Milli Görüs, im sogenannten „legalistischen" Spektrum bewegen und die Durchsetzung ihrer Anliegen auf parlamentarischem Wege fordern.[151] Wie schnell sich das ändern

---

150 Baudouin Dupret, L'affaire Abu Zayd, universitaire poursuivi pour apostasie. Le procès: l'argumentation des tribunaux, S. 29. In: Monde Arabe – Maghreb-Machrek No. 151, Janvier-Mars 1996.

151 So der Islamwissenschaftler Dr. Lucian Reinfandt vom Hamburger Verfassungsschutz im Rahmen eines Vortrags während einer Tagung „Islam und Demokratie – Gegensätze?" des Julius-Leber-Forums der Friedrich-Ebert-Stiftung Hamburg am 13.10.2004.

und eine Gruppe sich weg vom legalistischen Spektrum hin zu gefährlich werdenden Bewegungen entwickeln kann, zeigt derzeit die Entwicklung der NPD, die inzwischen die „Kameradschaften" integriert, die Gewalt nicht ablehnen.[152] Man kann sich darüber streiten, inwieweit dies bei islamistischen Gruppierungen nicht schon längst der Fall ist; auf jeden Fall aber besteht ein Zusammenhang zwischen islamistischen Ansprüchen, erst recht islamistisch-motivierter Gewalt, und einem parallelen Ansteigen rechtsradikaler politischer Stimmungsmache. Scharf verdeutlicht dies der aktuelle Zulauf zum „Vlaams Blok" (neuerdings „Vlaams Belang") in Belgien seit dem tödlichen Attentat auf den islamkritischen Filmemacher Theo van Gogh.[153] Interessanterweise hat die Vorgehensweise der NPD in weiten Teilen deckungsgleiche Aktivitäten und Bestrebungen wie diejenigen der islamistischen Gruppen (insbesondere Milli Görüs) zur Konstruktion eigener Erlebniswelten: Läden, Kneipen (bei Muslimen sind es Cafés), Klubs, Hausaufgabenhilfe für Jugendliche, Hilfe bei Bewerbungsschreiben, bürokratischen Angelegenheiten, Wochenendcamps usw. Der eigene „rechte jugendliche Lebensstil" macht sich in Kleidung, Tattoos, Musik, Bildungszentren fest[154] und entspricht damit exakt demjenigen der islamistischen Bewegung(en): Kleidung, Musik, Bildungszentren, Wochenendcamps und Ferienlager. Die Parallelwelten gleichen sich strukturell – und befinden sich mitten unter uns. Gemeinsam ist ihnen die Tendenz zur Abgrenzung, zum Aufbau eigener Infrastruktur, Antisemitismus bzw. Rassismus (letzteres stärker bei der NPD), zunehmende Ablehnung öffentlicher staatlicher Einrichtungen, Richtlinien, Räume. Kurz: Spontisprüche wie *„I love Islam"*[155] kontra *„Braune Häuser, braunes Leben sollte es viel öfter geben"*.[156] Hier gilt in drastischem Masse folgende Aussage: „Für Menschen, die ihre Identität suchen und ihre Ethnizität neu erfinden, sind Feinde unabdingbar, und die potentiell gefährlichsten Feindschaften, begegnen uns an den Bruchlinien zwischen den großen Kulturen."[157]

---

152 Vgl. hierzu Katja Bauer „Nazis leben nicht auf dem Mond" in: Stuttgarter Zeitung vom 16.10.2004.
153 Vgl. hierzu Joachim Fritz-Vannahme „Heiliger Krieg in Antwerpen" in: Die ZEIT Nr. 48 vom 18.11.2004, S. 20.
154 a.a.O.
155 Autoaufkleber einer früheren muslimischen Kommilitonin (Nähe zur Muslimbruderschaft).
156 Katja Bauer, a.a.O.
157 Bei Christina Oehler, Kulturelle Brücken zur Welt des Islams, S. 312.

Die Hoffnung, dass mit konfessionell gebundenem Religionsunterricht ein besseres Zusammenleben möglich ist, teilen viele Religiöse und auch manche der angeblich weniger Religiösen, insbesondere die Anhänger von Hans Küng „Weltethos-Konzept" zur Förderung des interreligiösen Dialoges. Dies mutet jedoch zutiefst romantisierend an und beruht nach Meinung der Autorin auf einer grundlegenden Fehleinschätzung, die letztendlich auf einem allseitigen Kommunikationsproblem beruht (trotz gemeinsamer Sprache Deutsch): Man redet über Dinge, ohne zuvor zu klären, worüber man redet.[158] Diese romantisierende anstatt konfliktorientierte Herangehens- und Sichtweise wird von vielen interkulturell orientierten Pädagogen und Theologen geteilt. Exemplarisch sei hier Christina Oehler in ihrer Dissertation genannt: „In unserem Land leben fast siebeneinhalb Millionen ausländische Mitbürger und die Realisierung einer Erziehung zum konfliktfreien Zusammenleben in einer multikulturellen Gesellschaft ist dringend notwendig, um den sich ausbreitenden Ethnozentrismus einzudämmen."[159] Wie sie sich das vorstellt, wird von der Autorin, die offensichtlich selbst sehr religiös und dialog-orientiert ist, wie folgt formuliert: „Ein weiterer wichtiger Brückenpfeiler wäre die Bereitschaft, die Tiefe eines anderen Glaubens zu erkennen, zu respektieren und zu bestärken. das ist `Basisarbeit` und eine wichtige Aufgabe im Erziehungsauftrag der Schulen."[160] Aus kritisch-religionswissenschaftlicher Sicht halte ich diese Forderung und diesen Anspruch nicht nur für praktisch schwer machbar, sondern geradezu für anmaßend. Glaube ist eine häufig vorrangig irrationale Größe, die schwer oder gar nicht überprüfbar ist; empirisch überprüfbar und verstehbar ist nur ein religiöses System, erkennbar an seinen äußeren Erscheinungsformen. Derartige irrationale Größen wie Glaube mögen für Außenstehende (seien dies nun Anders- oder Nichtgläubige) erkennbar und zu respektieren sein, zu verstehen und zu bestärken sind sie deshalb noch lange nicht. Im Gegenteil: Im Glauben kann sich nur jeder selbst bestärken, das ist nicht die Aufgabe von Außenstehenden, zumal mit

---

158 Hervorragend hierzu Christoph Auffarth, „Dialog der Religionen: Vom Dialog vor dem Dialog", in: Religion in der schulischen Bildung und Erziehung. LER – Ethik – Werte und Normen in einer pluralistischen Gesellschaft, S. 89ff.

159 Christina Oehler, Kulturelle Brücken zur Welt des Islams. Ein Beitrag zur interkulturellen Pädagogik in kulturgeschichtlicher Perspektive. Dissertation, Karlsruhe 2000.

160 Christina Oehler, a.a.O., S. 323.

Glauben und Religion häufig genug Unsinn manifestiert wird. Beispielhaft dafür steht die weibliche Beschneidung,[161] die von Christina Oehler in ihrer Dissertation im Kapitel „Zwiespältige Kultur"[162] problematisiert wird und die ein hübsches anschauliches Beispiel dafür ist, wie Religion menschenverachtende Praktiken verankern kann – gerade, weil die Berufung auf eine metaphysische Größe für die Durchsetzung dafür so geeignet ist wie kaum etwas Anderes. Im Umgang mit dem Islam ist dies grundsätzlich zu beachten. Scharf formuliert dies Axel Stöbe in seiner Studie: „Das Gesetz, das die Verfassung der Gemeinschaft darstellt, kann nichts anderes sein als der Wille Gottes, offenbart durch den Propheten" und weiter: „Das islamische Recht ist die typischste Äußerung der islamischen Lebensweise, der eigentliche Wesenskern des Islams." (Zitiert nach Schacht/Bosworth 1983).[163] Gerade bei der Diskussion um die Ausgestaltung und Einführung eines islamischen Religionsunterrichts ist diese scharfe Problematik leider oft nicht genug im Augenmerk der Fordernden und deren Unterstützer. Im Hinblick auf die Möglichkeit der Gleichstellung oder Gleichberechtigung der Geschlechter schreibt Roswitha Badry zu dieser Problematik: „Dennoch ist Skepsis angebracht: Das Monopol der Auslegung islamischer Quellen liegt unverändert in den Händen der männlichen religiösen Elite, die vermehrte Ausbildung von Frauen zu hochrangigen islamischen Gelehrten kann nur bedingt Abhilfe schaffen ... Die Möglichkeiten der Interpretation der islamischen Quellen ist zwar groß; ob deren dynamische Umdeutung allerdings die absolute Gleichstellung der Geschlechter begründen kann, scheint eher fraglich."[164]

Auch wenn die Gesetzesgrundlagen für die Erteilung konfessionellen Religionsunterrichts nach Artikel 140 GG theoretisch gegeben sind, tut man sich allseits schwer damit, denn die Bedenken sind aus

---

161 Einschlägig hierzu Sami Aldeeb Abu Sahlieh, Verstümmeln im Namen Yahwes oder Allahs. Die religiöse Legitimation der Beschneidung von Männern und Frauen. CIBEDO-Dokumentation 2 (1994), Frankfurt am Main, S. 64-94.
162 Dies., a.a.O., S. 383ff.
163 Vgl.: Die Bedeutung des Islam im Sozialisationsprozeß von Kindern türkischer Herkunft und für Konzepte interkultureller Erziehung, E. B.-Verlag Hamburg, 1998, S. 67.
164 „Auf der Suche nach Authentizität und Autonomie: Feminismen in der islamischen Welt am Beispiel Irans" in: Feminismen – Bewegungen und Theoriebildungen weltweit, S. 144.

verschiedenen Gründen auf verschiedenen Seiten groß.[165] An der Erwartung, dass sich durch die Einführung und Erteilung eines islamischen Religionsunterrichtes extremistische Kräfte und Tendenzen binden lassen, halten sich Viele fest; ich würde diese erwartete „Bindekraft" jedoch bezweifeln, da die Konzepte für den islamischen Religionsunterricht bisher nicht überzeugen. Die Problematik wird vom Vorsitzenden des Fachverbandes LER im Land Brandenburg wie folgt formuliert: „Dieses Aufeinandertreffen (Anmerkung der Autorin: von Angehörigen verschiedener Kulturkreise und Religionen) kann zu besserem gegenseitigem Verständnis und einer Bereicherung, aber auch zu verstärkten Abgrenzungsbemühungen führen und Fundamentalismus ermutigen."[166] Die Autorin dieses Beitrags sieht die Möglichkeit einer sozialen „Bindekraft" von Jugendlichen eher in den Fächern Sport, Schwimmen, Gemeinschaftskunde und evtl. WiSo (Wirtschaft und Soziales) gegeben, in erweitertem Rahmen auch der Deutschunterricht, indem man Literatur beispielsweise türkischstämmiger Deutscher integriert. Beim Sport und beim Schwimmen lernt man soziales Verhalten durch gemeinsames Spiel und Training in der Gruppe, worauf auch der Stuttgarter Sportlehrer Dominik Hermet unter Berufung auf erfolgreiche amerikanische Erfahrungen und Projekte hinweist;[167] des weiteren wird überschüssige Energie und evtl. Aggression abgebaut und ganz nebenbei der Effekt eines höheren Kalorienumsatzes bei übergewichtigen Kindern erzielt. In den Fächern Gemeinschaftskunde und WiSo lassen sich gesellschaftspolitische Themen bzw. Jugendthemen sehr gut integrieren und thematisieren. Anstatt konfessionell gebundenen Religionsunterricht zu fordern und zu fördern wäre die breitere Einführung des säkular orientierten Faches „Lebenskunde, Ethik, Religionskunde" (LER) zu überdenken, das in Berlin und Brandenburg bereits erfolgreich durchgeführt wird. Als Argumente für einen möglichst ideologieneutralen Unterricht nach dem Modell LER wird von Peter Kriesel Folgendes angeführt: „Die Schule hat in diesem Zusammenhang die Aufgabe, die Kinder und Jugendlichen aus unterschiedlichen sozialen Milieus zu integrieren. Die Religionswissenschaft hält Wissen bereit, das für gegenseitiges

---

165 Hierzu Assia Maria Harwazinski, Islam als Migrationsreligion, S. 31. ff.
166 Peter Kriesel, Anmerkungen zum Beitrag der Religionswissenschaft für die Allgemeinbildung, in: Religion in der schulischen Bildung und Erziehung. LER – Ethik- Werte und Normen in einer pluralistischen Gesellschaft, S. 60.
167 a.a.O., S. 192f.

Verstehen erforderlich ist. Sie kann z. B. aus der Geschichte der Religionen Erkenntnisse liefern, welche positiven Wirkungen ein tolerantes Zusammenleben für alle bringt und welche Folgen Glaubenskriege und Verfolgungen von Andersgläubigen und Abweichlern haben."[168] Gerade hier können in den Fächern wie Geschichte und Politische Bildung entsprechende Kenntnisse aus anderen Kulturen und Religionen gewinnbringend vermittelt werden. Aber auch musische Fächer wie Musik, Kunst und Literaturgeschichte bieten hervorragende Möglichkeiten, die eurozentristische Sichtweise zu relativieren, indem sie die entsprechenden kulturgeschichtlichen Einflüsse außereuropäischer Kulturen in Musik, Malerei und Literatur als Unterrichtsgegenstand integrieren.[169] Damit würde eine sanfte Form der Integration in ganz selbstverständlicher Weise erlangt, die fundamentalistischen Sichtweisen vermutlich stärker das Wasser abgraben könnte als moralische Predigten und konfessionell gebundener Religionsunterricht.

Letztendliches Ziel eines interkulturellen Lernens als „globale Herausforderung der Erziehung"[170] ist jedoch die Annäherung an eine multikulturelle Zivilgesellschaft, wobei zu beachten ist, dass *multikulturell nicht multirechtlich bedeutet!* Dies ist insbesondere in der Auseinandersetzung mit dem Islam eine globale Herausforderung, denn die Mehrzahl der islamischen Organisationen weltweit streben in ihren Programmen letztendlich die Einführung der „schari'a", also des islamischen Rechts, an, auch wenn sie dies nicht immer offen sagen. Es geht jedoch darum, zu begreifen, dass – wie auch immer das islamische Recht flexibel, pluralistisch und, in eingeschränktem Masse, demokratisch sein mag[171] – ein *Rechtssystem einer*

---

168 ders. Im Aufsatz: „Anmerkungen zum Beitrag der Religionswissenschaft für die Allgemeinbildung" in: Religion in der schulischen Bildung und Erziehung. LER – Ethik – Werte und Normen in einer pluralistischen Gesellschaft, S. 60.
169 Ders., a.a.O., S. 66ff.
170 Vgl. hier der erschienene Aufsatzband von Christoph Wulf/Christine M. Merkel, Globalisierung als Herausforderung der Erziehung. Theorien, Grundlagen, Fallstudien. Waxmann Münster/New York/München/Berlin, 2002.
171 Zur Problematik des islamischen Rechts gibt es zahllose grundlegende Studien islamwissenschaftlicher Provenienz, u. a. von Josef Schacht, Ignaz Goldziher (als Klassiker), sowie grundlegende neuere Studien von Adel el-Baradie, Harald Motzki, Silvia Tellenbach und Birgit Krawietz, die unbedingt Beachtung finden sollten.

säkularen Zivilgesellschaft auf der Basis der Menschenrechte[172] zu erhalten, zu fördern und weiterzuentwickeln, *welches nicht pluralistisch ist, sondern Pluralismus zulässt!* Dieses Spannungsfeld zwischen Zivil- und Religionsrecht ist besonders bei der gesamten Diskussion um den islamischen Religionsunterricht und seine Ausgestaltung zu beachten, die die Angelegenheit der Muslime ist. Für die deutsche Seite gilt: Ein islamischer Religionsunterricht muss historisch und kulturell orientiert sein, er darf keine Inhalte vermitteln, die problematische Normen und Wertvorstellungen des islamischen Rechts beinhalten, die zu säkular-zivilrechtlichen Vorstellungen in komplettem Widerspruch stehen bzw. wenn er dies tut, muss er die entsprechende Kritik daran aushalten, die auch ein Verbot mit einschließen kann. Allerdings darf er problematische Normen und Wertvorstellungen des islamischen Rechts zur Auseinandersetzung darum thematisieren und beinhalten, zumal in der Oberstufe.

Ein islamischer – wie auch sonstiger konfessionell-gebundener Religionsunterricht – darf die Dimension der Geschichte bzw. die Geschichtlichkeit nicht außer acht lassen. Im laizistischen Frankreich wird das Problem dadurch umgangen, dass in staatlichen Schulen der Islam im Geschichtsunterricht in bestimmten Altersstufen programmatischer Teil des Lehrplanes ist: „Islam appears in education of French schools four times in history education and is, on each occasion looked at and understood as more than as a religion."[173] Die strikte Trennung zwischen Staat und Kirche durch das entsprechende Gesetz von 1905 bildet die Grundlage dieser Vorgehensweise, die seither keinerlei religiösen Unterricht in staatlichen Schulen mehr erlaubt. Als Vorteil dieses Weges wird betrachtet, dass die breite und vielfältige Vermittlung der Geschichte faire, unparteiliche Informationsübermittlung unterstützt.[174]

Vollständige Ausklammerung von Religion in schulischer Bildung charakterisierte ebenfalls die frühere DDR, wobei die Motivation hier die Konzentration auf marxistischer Philosophie als grundsätzlicher Leitlinie bildete.[175] In der ehemaligen DDR wie auch in ande-

---

172 Hierzu einschlägig Heiner Bielefeldt, Die Philosophie der Menschenrechte. Grundlagen eines weltweiten Freiheitsethos. Wissenschaftliche Buchgesellschaft Darmstadt, 1998.
173 Hierzu Herbert Schultze (ed.), „Concentration on the dimension of history" in: Islam in Schools of Western Europe, S. 54.
174 Ders., a.a.O., S. 55.
175 Ders., a.a.O. S. 55.

ren sozialistischen Ländern wurden ausschließlich sehr ausgewählte Aspekte der islamischen Geschichte unterrichtet, die sich auf soziale Anliegen und Bewegungen oder Gruppen konzentrierten, was als einseitige Darstellungsweise betrachtet werden kann.[176] Nach dem Fall des „Eisernen Vorhang" wurden in den meisten dieser Länder (Ungarn, Polen, Tschechische und slowakische Republik) neue Lehrplanentwicklungen durchgeführt, die in all diesen Staaten den offiziell anerkannten Kirchen und Religionsgemeinschaften erlaubt, Religionsunterricht in staatlichen Schulen durchzuführen. In einigen dieser Länder, z. B. in Ungarn und Polen, betonen aktive gesellschaftliche Gruppen die *Freiheit des Gewissens* als ein Kriterium in diesem Bereich, womit das Recht von Schülern oder Eltern gemeint ist, sich vom Religionsunterricht auszuklinken und stattdessen in Klassen über Humanistische Ethik oder ähnliche Inhalte teilzunehmen. Das Land Brandenburg hat daraus die Konsequenz der Einrichtung des Faches LER – Lebenskunde, Ethik, Religionskunde – gezogen (siehe weiter oben). Allerdings bestehen die Kirchen auch in diesem Land auf ihrem verfassungsmäßig garantiertem Recht, bei der Lehre von konfessionellem Religionsunterricht zu kooperieren, wobei die Kenntnisse über Weltreligionen in diesen genannten Ländern in der Regel sehr mäßig sind.[177]

Lehrer sind für den entsprechenden Unterricht also auf vorhandene Quellen sowie ihre eigene Kreativität angewiesen. Publikationen von islamischen Organisationen, z. B. „Was ist Islam? Allgemeines zu Einführungen in den Islam"[178] oder „Die Frau im Islam" der Ahmadiyya-Muslime[179] konkurrieren mit einem zunehmenden Angebot von seriösen Büchern über den Islam, z. B. von Heinz Halm, Monika Tworuschka, Udo Tworuschka und anderen. Seriös im Sinne von „ernstgemeint" sind sie alle, seriös im Sinne von „wissenschaftlich fundiert" aber eher die letztgenannten. Die Publikationen der Religionsgemeinschaften sind immer auch bewusste Transporteure ihrer jeweiligen religiösen Ideologie, während bei den anderen Publikationen Islamwissenschaft und Geschichtskenntnisse bei der Vermittlung und Aufbereitung des Inhalts im Vordergrund stehen

---

176 Ders., a.a.O. S. 55.
177 Ders., a.a.O. S. 56.
178 Hrsg. von: Islamisches Wissenschafts- und Bildungsinstitut und Bündnis der Islamischen Gemeinden in Norddeutschland, Hamburg 2003. Verfasser: Ali Özgür Özdil.
179 Sir Zafrullah Khan, Verlag „Der Islam", Frankfurt am Main, kein Erscheinungsjahr.

und man damit versucht, eine faire Informationsübermittlung zu leisten. Als ergänzendes Unterrichtsmaterial werden kreative Lehrer und Lehrerinnen aktuelle Zeitungs- bzw. Zeitschriftenartikel zu entsprechenden Themen ebenso wie Filmmaterial sinnvollerweise in den Unterricht mit einbeziehen.

Die Problematik des koedukativen Sexualkundeunterrichts

Aus muslimischer Sicht ist es, so schreibt der Pädagoge Ali Heidarpur-Ghazwini im Vorwort seiner Studie, „...fast unmöglich, sich dieser Problematik zu stellen, sich ihr wissenschaftlich und vor allem auch kritisch zu widmen, wenn man nicht vorher selbst eine Veränderung durchlebt hat, die es einem jetzt erlaubt, mit Abstand historische Hintergründe und gegenwärtige Erscheinungsformen zur Sexualproblematik im islamischen Raum zu analysieren und zu hinterfragen. In erster Linie danke ich meiner Frau, die mir durch viele Diskussionen während meines Studiums geholfen hat, Erziehungsformen und Erziehungsverhalten, Wert- und Moralvorstellungen der islamischen Tradition kritisch zu hinterfragen und mich zum Teil davon zu befreien."[180]

Zur unterschiedlichen Erziehung von Jungen und Mädchen beschreibt er deutliche Stellungnahmen türkisch-muslimischer Eltern. Im Interview mit Herrn S. (damals 40 Jahre alt), der zwei Söhne hat, äußert sich dieser zur Frage nach dem Sexualkundeunterricht in deutschen Schulen: „Ja, ich weiß es. Die Lehrer haben das beim Elternabend gesagt, dass es besser ist, die Kinder in der Schule in Deutschland aufzuklären. Ich war damit einverstanden." Auf die Frage „Wenn Sie eine Tochter hätten, wären Sie auch damit einverstanden, wenn sie in der Schule aufgeklärt würde?" antwortet er: „Ich weiß es nicht, ich habe nicht darüber nachgedacht. Aber ich glaube nicht." Allerdings traut er sich auch nicht selbst, seine Kinder aufzuklären – was im krassen Widerspruch zur oben beschriebenen Forderung/Aussage von Adnan Aslan steht: „Werden Ihre Kinder zu Hause aufgeklärt? Sprechen Sie mit Ihren Söhnen über Sexualität?" – Antwort von Herrn S.: „Nein, ich kann nicht. Ich weiß nicht, wie ich das machen soll. Ich habe Angst, dass sie keinen Respekt mehr vor mir haben und frech und frei werden, wenn ich mit ihnen

---

180 Ali Heidarpur-Ghazwini, Kulturkonflikt und Sexualentwicklung. S. 1.

darüber spreche." Er selbst ist nicht aufgeklärt worden.[181] Ein weiterer Interviewpartner (aufgewachsen in der Türkei) antwortet auf die Frage, wann er bewusst begonnen habe, sich über sexuelle Dinge aufzuklären: „Theoretisch gesehen, in der Schule, aber natürlich nicht durch die Lehrer. Es gab keinen Sexualkundeunterricht, sondern ich habe ab und zu mit älteren Schülern gesprochen, die wieder von älteren etwas wussten" ...jedoch auch falsche Informationen: „So z. B. über Onanie, dass jemand, der onaniert, blind wird oder einen krummen Rücken bekommt. Ich hatte furchtbare Angst und immer ein schlechtes Gewissen, wenn ich onanierte oder wenn ich aus irgendeinem Grund nicht Wasser lassen konnte."[182]

Die Bewusstseinsspaltung im Umgang mit „guten" und „schlechten" Frauen, wie sie auch Fatih Akin in seinem Film „Gegen die Wand" mehr als deutlich darstellt, ist folgende: Ehefrauen und Frauen der Familie sind „ehrenhaft" und unantastbar für andere Männer. Über Sexualität spricht man zuhause nicht, in Männerrunden dagegen offen, drastisch und herablassend. Fatih Akin lässt in diesem Film seine männliche Hauptfigur (dargestellt von Birol Ünel) die Frage an die anwesenden Männer der Familie der Frau, die er frisch geheiratet hat (dargestellt von Sibel Kekilli), stellen: „Warum fickt Ihr eigentlich nicht Eure Frauen?", als sie über ihre Erlebnisse mit „Nutten" sprechen. Herr S. beschreibt es so, wie man es bis heute von vielen Türken/Muslimen hört und kennt: „Ich war als Kind in einer Kleinstadt und niemand hat über solche Dinge gesprochen. Als ich aber 15-16 Jahre alt war, hatte ich Freunde, die waren älter als ich. Sie fuhren zum Arbeiten nach Istanbul. Sie hatten dort Möglichkeiten mit schlechten Frauen (Nutten) zu sein." Im Klartext: „Gute" Frauen heiratet man, um mit ihnen Kinder zu zeugen, „schlechte" Frauen fickt man zum Vergnügen (wenn es denn eines ist). Dass Beides auch zusammen möglich ist, ist die Kernaussage und der Anspruch der Protagonisten in Fatih Akins Film „Gegen die Wand".

Die Dichotomie zwischen „guten" und „schlechten" Frauen wird verstärkt durch die Bedeutung, die der Jungfräulichkeit beigemessen wird. Auf die Frage „War es für Dich wichtig, dass Deine Frau vor Deiner Ehe noch Jungfrau war?" beschreibt dies ein türkischer Student so: ...für mich ist die sogenannte Virginität oder Hymen nicht wichtig. Wenn mir jemand vor meiner Hochzeit gesagt hätte,

---
181 Heidarpur-Ghazwini, a.a.O., S. 265.
182 Heidarpur-Ghazwini, a.a.O., S. 273f.

meine Frau hätte durch einen Unfall oder durch Krankheit ihr Jungfernhäutchen verloren, hätte ich sie trotzdem, einhundertprozentig, geheiratet, aber ich hätte sie nicht heiraten können, wenn ich gewusst hätte, dass sie schon mal mit jemandem zusammen gewesen wäre."[183] Erfahrungen sammeln die Männer in der Regel vor bzw. außerhalb der Ehe, mit nicht ehrbaren Frauen: „...Wenn jemand in der Türkei ein Auto hat, hat er die Möglichkeit so viele Halbprostituierte mitzunehmen, um mit ihnen im Auto zu verkehren. Ich sage deshalb Halbprostituierte, weil sie nicht nur als ökonomischen Problemen heraus Prostitution betreiben, sondern, weil sie Witwen sind und sich sexuell befriedigen wollen. Es werden immer mehr. Auf jeden Fall hatte ich meinen ersten Geschlechtsverkehr mit einer dieser Frauen."[184]

Eine junge, in Deutschland lebende und weitgehend aufgewachsene türkische Prostituierte macht am Ende der Beschreibung ihres bisherigen Lebens über ihre türkische Familie folgende Aussage: „Wir waren alle das Opfer einer Tradition, die nicht unsere Wünsche sieht und darauf achtet, sondern in der nur die Gesellschaft und das Ansehen der Familienehre im Vordergrund stehen."[185] Die Türkei ist ihr ganz fremd, ihre Mutter und ihre Schwester haben keinen Kontakt mehr zu ihr: „Ich glaube, die beiden haben mich auch vergessen, weil ich gehört habe und auch glaube, dass sie allen gesagt haben, dass ich tot sei. Denn ich glaube, sie wissen, was ich mache."[186] Zunächst habe sie ihren Vater für alles verantwortlich gemacht, aber später mehr ihren Großeltern und Verwandten die Schuld gegeben, weil sie ihren Vater dazu gezwungen haben, eine Frau zu heiraten, die er gar nicht liebte, sodass er zunächst Opium nahm, dann Alkohol trank.[187]

Auf die Frage nach der Bedeutung des Sexualkundeunterrichts in der Schule antwortete ein 15jähriger Schüler: „Für mich ist Sexualkundeunterricht wie jeder andere Unterricht und ich denke, so wichtig wie jeder andere Unterricht."[188] Seine Eltern wissen darüber Bescheid, aber nichts Genaues, dies gilt jedoch auch für andere Fächer. Sein Vater sei nicht sehr religiös, würde auch bei Festen Alko-

---

183 Heidarpur-Ghazwini, a.a.O., S. 275.
184 Heidarpur-Ghazwini, a.a.O., S. 274.
185 Heidarpur-Ghazwini, a.a.O., S. 287.
186 Heidarpur-Ghazwini, a.a.O., S. 286.
187 Heidarpur-Ghazwini, a.a.O.
188 Heidarpur-Ghazwini, a.a.O., S. 278.

hol trinken, seine Mutter jedoch sei streng religiös und würde jeden Tag beten. Auf die Fragen nach seinem Fernsehverhalten, wenn etwas mit Sexualität kommt, antwortete er: „Das ist mir dann sehr peinlich, besonders wenn meine Schwester dabei ist. Meine Mutter schimpft dann auf die deutsche Gesellschaft"... Aus Schamgründen – oder Respekt gegenüber Schwester und Mutter - verlässt man dann auch mal den Raum oder das Programm wird gewechselt „...weil sie Angst haben, dass noch mal so was kommt. Als Beispiel: Vor ein paar Tagen kam im Fernsehen ein türkischer Film („Die Mauer" von Yilmaz Günay), wo gezeigt wurde, wie ein Baby kommt. Die Eltern haben es nicht zugelassen, dass wir weitersehen, obwohl wir gerne geguckt hätten."[189]

Frauen gehen damit etwas schamhafter um, können sich aber dennoch den Fragen der Kinder nicht entziehen, weil sie direkt davon betroffen sind. Im Interview mit Familie Aydin, deren Kinder im Kindergarten mit einer schwangeren Erzieherin konfrontiert waren, deren Bauch immer größer wurde und die zu fragen begannen, wie das Baby da hinein kommt, antwortet sie auf die Frage „Was haben Sie zu Ihren Kindern gesagt, als Sie mit Sebnem und Mehmet schwanger waren?" verlegen lachend: „Ach solche Sachen sollten eigentlich nicht über die Lippen der Kinder kommen..."[190]. Sie habe den Kindern erklärt, dass sie das neue Baby vom Krankenhaus oder vom Park oder vom Garten geholt habe. Aber die Kinder fragen schon: „Kürzlich hat Özgür im Fernsehen eine Geburt gesehen und mir gleich davon erzählt. Er hat gefragt, was das ist. Ich habe ihn abgelenkt. Aber Türkan aus Özgürs Gruppe, die weiß alles! Ihre Mutter hat ihr alles erklärt, das weiß ich von Nazileteyze!" Doch ausgerechnet diese erwähnte Mutter hat sich bei den deutschen Erzieherinnen beschwert, dass Türkan „immer Liebe-machen" spielen würde. Die Mutter nehme an, dass ihre Tochter es im Kindergarten gesehen habe und übersieht dabei, was die Kinder durch das Fernsehen mitkriegen. Oft sei es auch so, dass die Kinder mit ihren Eltern im gleichen Zimmer schlafen würden.[191]

Der Konflikt bewegt sich zwischen der eigenen Scham, der Unvermeidbarkeit der kindlichen Fragen und dem Problem, wer welche Antworten geben soll, aber auch der Unfähigkeit zur Selbstkritik, wie die Tatsache des Schlafens der Kinder im gleichen Zimmer der

---

189 Heidarpur-Ghazwini, a.a.O., S. 278.
190 Heidarpur-Ghazwini, a.a.O., S. 280.
191 Heidarpur-Ghazwini, a.a.O., S. 280f.

Eltern zeigt. Auf die Frage der Erzieherin, was sie denn im Kindergarten tun sollen, schließlich geschehe es, dass die Kinder am Kiosk Bilder nackter Busen sehen und danach fragen würden. Wie sollen die Erzieher/innen interessierte Kinder ablenken? Was sollen sie auf gestellte Fragen antworten? folgt die Antwort der lachenden Mutter: „Naja, wenn die Kinder im Kindergarten fragen, dann müsst Ihr schon antworten. Ich jedenfalls kriege bestimmt kein Baby mehr – mich wird niemand mehr fragen!"[192] – Dies lässt darauf schließen, dass diese Mutter im Grunde sehr erleichtert darüber ist, dass die deutschen Erzieherinnen ihr die, für sie aufgrund ihrer eigenen schamhaften Erziehung und Unaufgeklärtheit, unangenehme Arbeit des Fragen-Beantwortens abnehmen. Es ist also ein Plädoyer f ü r Sexualaufklärung durch Erzieherinnen und Lehrer bzw. Lehrerinnen!

Auch für den Bereich des Sexualkundeunterrichts gilt dasselbe wie bereits oben gesagt. Man kann hier, neben sexualhygienischen Inhalten, beispielsweise die Geschlechterbeziehungen in verschiedenen Kulturen und religiösen Systemen[193] als Teil des Unterrichts integrieren. Informationen über Kleopatras frühe Kenntnis und Anwendung von Seidentampons und die pragmatischere Einstellung von Ayatollah Khomeini zur Empfängnisverhütung könnten extrem puritanischen Positionen etwas den Wind aus den Segeln nehmen und gehören durchaus zur erweiterten Kultur- und Geschichtskunde. Dennoch sollten Aufklärung und Sexualhygiene vorrangig dazu dienen, Kinder und Jugendliche mit ihren Fragen nicht allein zu lassen und durch entsprechende Informationsvermittlung dazu beizutragen, dass Verhaltensweisen gelernt werden, um ungewollte Schwangerschaften, Geschlechtskrankheiten, AIDS sowie sexuelle Übergriffe zu vermeiden. Gerade dieses Gebiet sollte man keinesfalls religiösen Autoritäten überlassen, die in der Regel primär, wenn nicht ausschließlich moralisch (und häufig moralinsauer) argumentieren, anstatt inhaltlich sachlich und gesundheitsorientiert, weil ihnen in der Regel die biologischen, medizinischen und, im katholischen Bereich, auch häufig die praktischen Informationen fehlen.

Der Bereich der Sexualerziehung ist unter keinen Umständen religiösen Autoritäten in entsprechendem Unterricht zu überlassen. Im Bereich der Sexualität gilt für die islamischen Organisationen und

---

192 Heidarpur-Ghazwini, a.a.O., S. 281.
193 Peter Kriesel, Anmerkungen, a.a.O., S. 62.

ihre Ansprüche nach Ursula Boos-Nünning deutlich, das als „...Erziehungsziel nicht Anpassung an die deutsche Kultur, sondern ‚Suche nach einem neuen Sozialisationsziel und –konzept" gesehen wird.[194] Hier, im Bereich der Erziehung und zwar insbesondere der Sexualerziehung, wird also der Grundstein für die Errichtung einer Parallelgesellschaft auf islamischen Grundlagen gelegt. Einschlägige Untersuchungen kommen zu dem Ergebnis, „dass unter Türken – sowohl in der Türkei als auch in Deutschland – der Islam die entscheidende Einflußgröße bei der Herausbildung sexueller Wert- und Normvorstellungen ist: „Die wirtschaftlichen, sozialen und politischen Verhältnisse in der Türkei als gesellschaftlicher Kontext, in dem die elterlichen Sexualvorstellungen sich bildeten, weisen trotz Laizismus und Säkularisierung auf die hohe Bedeutung von Religion und Tradition des Islams für den türkischen Ehren- und Moralkodex. Auch das Leben in der Bundesrepublik bewirkte keine grundsätzliche Schwächung dieses Einflusses, im Gegenteil, in der Diasporasituation erhielt der Islam für viele Türken eine neue Qualität als Identitätselement."[195]

Auch hier, im Bereich des Sexualkundeunterrichts und seiner Vermittlung, ist daher die Geschlechtertrennung fragwürdig, auch wenn es neuerdings einen als *„neuen interkulturellen Ansatz"* gepriesenen Vorstoß von Sexualpädagogen gibt, die auf die Wahrung kultureller Unterschiede setzt und das Ganze offenbar für *progressiv* hält.[196] Mit der Erteilung des Sexualkundeunterrichts getrennt nach Geschlechtern sollen sexistische Sprüche und Aggressionen gegenüber deutschen Mädchen und Homosexuellen vermieden werden. Die Frage ist, ob durch diese zimperliche Vermeidungsstrategie vonseiten der Pädagogen solche sexistischen Sprüche und Aggressionen in irgendeiner Form verhindert werden oder sich nicht verstärkt und unkontrolliert außerhalb des Unterrichts, in den Pausen, auf der Strasse usw. Luft machen, wo dann kein Lehrer/Pädagoge mehr da ist, um solche Tiraden zu kanalisieren, zu thematisieren und zu relativieren. Hier sind die deutschen Mädchen und Homosexuelle dann ungeschützt, ohne direkten relativierenden Fürsprecher. Damit wird nicht zuletzt ein wichtiges Unterrichtsthema von

---

194 Stöbe, Axel, Die Bedeutung des Islam im Sozialisationsprozeß von Kindern türkischer Herkunft und für Konzepte interkultureller Erziehung, S. 190.
195 Ders., a.a.O., S. 190.
196 Vgl. Beate Herkendell „Schmutzige Gedanken" in: Die ZEIT Nr. 3 vom 09.01.2003.

vornherein untergraben: *Das Erlernen von Toleranz, wozu eben auch die Wahl des Sexualpartners (von beiden Geschlechtern!) gehört.* Unter Mitwirkung des Instituts für Migrationsforschung wird in der zitierten Vorgehensweise der konservative Zug manifestiert, indem eine „interkulturelle Sexualkunde" im geschlechtergetrennten Unterricht den Teilnehmern den „Zugang zu ihren Gefühlen zu erleichtern"[197]; Formulierungen wie „Verhütung" soll ersetzt werden durch „Familienplanung" und „Freund oder späterer Ehemann" etabliert werden. Das Ganze soll dann möglichst noch in der Muttersprache der Schüler gehalten werden; Yasemin Karakasoglu sieht solche Schritte als Schlüssel zur Integration. Die Frage erscheint berechtigt, ob sich der „Zugang zu den Gefühlen" der Schüler nicht durch den direkten, konfrontativen, gemischtgeschlechtlichen Sexualkundeunterricht viel deutlicher, klarer und spontaner äußert und damit den Zugang zu den eigentlichen Problemen viel besser ermöglicht– gerade durch die verbal herausgeschleuderten Aggressionen und Empfindungen von Peinlichkeit, die die Probleme der Schüler und Schülerinnen sehr klar zeigen. Im übrigen muss hier die Anmerkung erlaubt sein, dass der Sexualkundeunterricht auch unter deutschen Schülern und Schülerinnen Gefühle von Aggression und Peinlichkeit auslöst, zumindest früher ausgelöst hat, die den beschriebenen Situationen hier sehr ähnlich sind. Das Ganze jetzt als „kulturelle Unterschiede" hochzustilisieren scheint mir eher das Gegenteil dessen zu bewirken, was angeblich erreicht werden soll: **Mündigkeit der Schüler und Integration.** Wenn ein muslimisches Mädchen Jungfrau ist und bis zur Ehe bleiben will, wie die Sexualpädagogin Lucyna Wronska vom Institut für Sexualpädagogik in Dortmund berichtet,[198] so ist das die Privatangelegenheit dieses muslimischen Mädchens und ihre eigene Entscheidung, die es zu respektieren gilt, die jedoch an der grundsätzlichen Durchführung eines sachlich-informativen und biologisch-medizinisch bzw. sexualhygienisch seriösen Unterrichts in diesen Dingen nicht entgegensteht! Geschlechtertrennung in verschiedenen Kulturen soll Gegenstand des Unterrichts sein, nicht aber sein Wesen! Dass ein solcher Unterricht auch Tabus thematisiert liegt in der Natur der Sache; dies ändert nichts an seiner Notwendigkeit und seinem Nutzen zugunsten der Jugendlichen, denn dass deren Eltern in der Regel keine Gesprächspartner für sie auf diesem Gebiet sind, wird von den Interviewten bestätigt: „Unter keinen Umständen" würden sie mit ih-

---

197 Herkendell, Schmutzige Gedanken.
198 Herkendell, Schmutzige Gedanken.

ren Eltern über sexualitätsrelevante Themen sprechen, denn „man will schließlich nicht in die Privatsphäre der Eltern eingreifen", so der 16jährige Ercan. Die 16jährige Kroatin Maria fügt hinzu: „Auch wenn ich noch so dringend was von meiner Mutter wissen will, mein Gefühl stoppt mich."[199] Diese Aussagen belegen eindeutig das Gegenteil dessen, wofür beispielsweise Adnan Aslan in seinem „Institut für islamische Pädagogik", wie weiter oben beschrieben, plädiert: Das Erziehungsrecht im Bereich der Sexualaufklärung den Eltern zu überlassen. Offensichtlich sind türkisch-muslimische, aber auch katholische und protestantische gläubige Eltern häufig den Fragen ihrer Kinder (vorausgesetzt, sie stellen welche) und dem Themengebiet in keinster Weise gewachsen oder stehen ihm aufgeschlossen gegenüber. Die Gefahr besteht sehr deutlich, dass in diesem Bereich mit der Vorgehensweise von Herrn Aslan die Jugendlichen nicht nur allein gelassen werden, sondern bestenfalls mit Aberglauben vollgestopft werden, den sie von zuhause mitbekommen und der Realität nicht gerecht wird. Zum Schutz der Jugendlichen besteht keinerlei Zweifel an der Sinnhaftigkeit eines sachlichen Sexualkundeunterrichts in staatlichen Schulen.

Die Frage ist, wie beim Religionsunterricht auch: Wer soll (ganz zu schweigen von: Wer will) das bezahlen? Wer bezahlt die muttersprachlichen Unterrichtskräfte? Die Zerfusselung des an staatlichen Schulen durchgeführten Sexualkundeunterrichts durch „interkulturelle Rücksichtnahme" und Zersplitterung in muttersprachliche Einheiten birgt mehrere Gefahren: Zum einen ist die interkulturelle Rücksichtnahme, wie oben beschrieben, fragwürdig, denn sie spielt konservativen Kräften – insbesondere Fundamentalisten und Islamisten – in die Hände und ist damit alles andere als progressiv im modernen säkularen Sinn; zum anderen ist ein wichtiges und absolut vorrangiges Integrationsziel für ausländische Schüler und Schülerinnen die Erlangung und Vermittlung der deutschen Sprache, was durch weiteren muttersprachlichen Unterricht in Frage gestellt wird.[200] Wir müssen als Ziel haben, Kinder und Jugendliche aus Migrantenfamilien so zu sozialisieren, dass sie sich in der hiesigen

---

199 Herkendell, Schmutzige Gedanken.
200 Dies soll nicht so verstanden werden, dass die Autorin muttersprachlichen Ergänzungsunterricht ablehnt – im Gegenteil: Die Kinder sollen durchaus die Sprache ihres Herkunftslandes gut beherrschen lernen und damit u. a. Stolz auf ihre Herkunft entwickeln. Nur ist die Muttersprache der Eltern für das Bestehen in der hiesigen deutschen Gesellschaft nicht vorrangig und muss daher in der zweiten Reihe bleiben.

dominanten Kultur bestmöglichst zurechtfinden; nur auf diese Weise geschieht das von entsprechenden Fachleuten gepriesene und gewünschte „empowerment", das sich durchaus auch auf Deutsch gut ausdrücken lässt: Ermächtigung, die Macht (durch entsprechende Fähigkeiten und Kenntnisse) zu erlangen bzw. zu haben, ordentlich in einer Gesellschaft klarzukommen. Die interkulturelle Rücksichtnahme nach dem Modell der erwähnten Sexualpädagogen und dem Institut für Migrationsforschung Essen spiegelt damit ein Kulturverständnis von Kulturrelativisten, nicht von Kulturuniversalisten (siehe oben, Einleitung).

Der Kriminologe Christian Pfeiffer vom Forschungsinstitut für Jugendgewalt aus Hannover plädiert *für* eine Streitkultur in der Debatte über Grenzen der Toleranz. „Ohne Konflikte offen zu benennen und auszutragen, kann keine Einwanderungsgesellschaft sich darüber verständigen, wie viel Differenz sie dulden kann und will", denn „erst die konkreten Fragen führen dahin, wo es wehtut, zum Beispiel in die Diskussion über „Ausländer" und Kriminalität, eines der Spezialgebiete von Christian Pfeiffer.[201] Er nennt als Ursache für die Häufung der Gewaltdelikte bei überwiegend jungen männlichen Migranten und Aussiedlern drei Faktoren: Schulbildung, soziale Benachteiligung der Familie und eine importierte „Macho-Kultur", vor allem bei türkischen Einwanderern, die sich in innerfamiliärer Gewalt der Väter gegenüber Ehefrauen und Kindern äußert – und fortsetzt. „Die Töchter laufen Gefahr, die Opferrolle der Mutter einzunehmen, die Söhne werden außerhalb der eigenen vier Wände ihrerseits zu Tätern"[202] Auch diese Feststellung untermauert die Forderung, den Sexualkundeunterricht gemischtgeschlechtlich an staatlichen Schulen durchzuführen, denn er ist eines der Mittel, die dazu beitragen, Migranten – oder, politisch nicht mehr korrekt, Ausländer – nicht mehr am Katzentisch der Integration zu lassen, sondern sie direkt in den „mainstream" der säkularen Zivilgesellschaft mit einzubeziehen. Um diesen „mainstream" muss allerdings offenbar stärker denn je gekämpft werden, um ihn zu erhalten und keine Ethnisierung einer neuen muslimischen Migrantenunterschicht zu fördern. Es trifft auch nicht zu, dass der Streit über die Grenzen der Toleranz zuerst von „rechtslastigen" oder konservativen Einheimischen (deutsche oder französische „Ureinwohner") vom Zaun gebrochen wird. Im Gegenteil: „Meist sind es die laizisti-

---

201 Böhm, Andrea „Harmonie der Kulturen?" in: Die ZEIT Nr. 11 vom 09.03.2000.
202 Böhm, Harmonie, a.a.O.

schen Immigranten, die als Erste mit der Politisierung des Islam konfrontiert werden und in den Streit über Grenzen der Toleranz eintreten".[203]

Derartige Erfahrungen hat inzwischen in schmerzhafter Weise unser Nachbarland Frankreich gemacht, in dem ein regelrechter Kampf um den Erhalt des Laizismus entbrannt ist, der von „Berufsmuslimen" systematisch angefacht wird und sich symbolisch am „Kopftuchstreit" festmacht. Mit „Berufsmuslimen" sind solche Muslime gemeint, die von der Präsidentin der Union muslimischer Familien in Marseille, Nassera Benmarnia, die selbst kein Kopftuch trägt, wie folgt beschrieben werden: „Muslime gelten in der Öffentlichkeit allmählich als Sonderlinge, die sich nicht um ihre Arbeit, Kinder und Wohnviertel kümmern, sondern die nur noch Religion und Schleier im Kopf haben."[204] Unterstrichen wird dies durch die Vorgehensweise (noch) kleiner, extrem orientierter Gruppierungen wie der „Parti musulman francais", angeführt von Scharfmacher und „Berufsmuslim" Mohammed Latrèche, die in Paris im Januar 2004 im Zuge der Anti-Irak-Kriegs-Demonstrationen, streng nach Geschlechtern getrennt marschierend, mit antiisraelischen und antiamerikanischen Parolen einen erschreckenden Eindruck bei der französischen Bevölkerung hinterließ, auch wenn ein Teil der mitmarschierenden, vor allem jüngeren Frauen ihre Treue zum französischen Staat dadurch demonstrierten, dass sie ein Kopftuch in den Farben der französischen Trikolore trugen.[205] Der Gipfel des Risses in der muslimischen Gemeinde in Frankreich äußerte sich in der Detonation einer Bombe unter dem Auto von Aissa Dermouche, dem künftigen Präfekten des ostfranzösischen Jura – einem gebürtigen Algerier, der als Symbolfigur einer gelungenen Integration gilt. Der Anschlag ereignete sich nur wenige Stunden nach den ersten großen Demonstrationen von Muslimen in mehreren französischen Städten gegen das damals geplante Kopftuchverbot. Unklar blieb, ob islamistische oder rechtsradikale Kräfte dahinter steckten.[206] Auch der moderat orientierte Rektor der Großen Moschee zu Paris und Präsident des muslimischen Zentralrats, Dalil Boubakeur, hat große

---

203 Böhm, Harmonie, a.a.O.
204 Mönninger, Michael „Raufereien mit Trikolore" in: Die ZEIT Nr. 5 vom 22.01.2004.
205 Mönninger, Michael „Raufereien mit Trikolore" in: Die ZEIT Nr. 5 vom 22.01.2004.
206 Mönninger, Michael „Raufereien mit Trikolore" in: Die ZEIT Nr. 5 vom 22.01.2004.

Mühe, seine muslimische Gemeinde im Griff zu halten, die angesichts des Setzens von Grenzen vonseiten des französischen Staates mobilisiert wird.[207] Inzwischen sind viele ehemalige Gegner eines Kopftuchverbotes, wie der Soziologe Alain Touraine und der ehemalige Kulturminister Jack Lang, zur Befürwortern dieses Verbotes geworden. Unterstrichen wird dies durch eindeutige Stellungnahmen säkular orientierter Musliminnen wie Tokia Saifi, Staatssekretärin im Pariser Umweltministerium – sie formuliert es wie folgt: „In der heutigen, dritten Einwanderergeneration gibt es deutlich regressive Tendenzen. Bislang haben islamische Frauen alles getan, um religiösen Zwängen zu entkommen, jetzt werden ihre Rechte wieder infrage gestellt."[208] Sie sieht die muslimischen Frauen inzwischen als „wichtigsten Hebel", den die islamischen Fundamentalisten benutzen. Damit unterstützt sie die Untersuchungen von Martin Riesebrodt in seiner vergleichenden Studie über christlich-protestantischen und islamisch-schiitischen Fundamentalismus.[209]

Solche Auseinandersetzungen und Anschläge zeigen die Brisanz der Diskussion um zunächst so harmlos wirkende Themen wie Religions- und Sexualkundeunterricht, die auch hierzulande viele Fachleute beschäftigen und zu oft selbst irrational ausgetragen werden, weil sie auf romantisierenden Vorstellungen vom *Guten der Religion* getragen werden. Von deutscher staatlicher Seite muss daher alles Notwendige getan werden, um religiös-regressiven Tendenzen Einhalt zu gebieten, die längerfristig die Gleichstellungsprinzipien von Mann und Frau, Hetero- und Homosexuellen usw. in Frage stellen. Der Staat darf sich nicht zum „Mittäter" entsprechender Strömungen machen, die auf institutioneller Ebene versuchen, ihre reaktionären Orientierungen und Ziele durchzusetzen. Daher gilt ein besonderes Augenmerk der Entwicklung entsprechender Unterrichtseinheiten bzw. Lehrpläne, die deutlich darauf ausgerichtet sind, solchen Bemühungen gegenzusteuern und sich dem Druck konservativ-religiöser Kräfte nicht zu beugen.

Wichtig ist bei der gesamten Diskussion in der „Ausländer"- bzw. „Migranten"-Politik die Beachtung folgender Leitlinie: Sämtliche Initiativen staatlicherseits müssen darauf ausgerichtet sein, die betroffenen Kinder und Jugendlichen in die bestehenden Strukturen

---

207 Ders. a. a. O.
208 Ders. a. a. O.
209 Fundamentalismus als patriarchalische Protestbewegung. Tübingen: Mohr, 1990.

hineinzuintegrieren, evtl. unter einer in diesem Sinne interkulturellen inhaltlichen Anpassung derselben. Integration kann und darf nicht heißen, Initiativen zu fördern, die stattdessen Parallelstrukturen - und damit langfristig Parallelgesellschaften – etablieren, wie dies bisher in zahlreichen Fällen der Fall war und ist! Hier müssen sich beide Großkirchen christlicher Konfession und sämtliche „Dialog-Bemühten" einer deutlichen Selbstkritik unterziehen, denn sie haben genau diesen, wie auch immer gearteten, interreligiösen Dialog in romantisierender und zuweilen erschreckend unkritischer und beinahe schon zivilstaatsfeindlicher Manier durchgeführt, in der Regel unter Missachtung der entsprechenden kulturellen Spezialwissenschaften. Die „zivilstaatsfeindliche Manier" zeigt sich insbesondere an der Ignoranz der Tatsache, dass islamistische und rechtsradikale Bewegungen teilweise deckungsgleiche Feindbilder haben, was in bezug auf Frankreich von Georges Bensoussan in seiner Untersuchung über „Antisemitism in French Schools" am Verhalten maghrebinischer Schüler und Schülerinnen beschrieben wird, die nicht nur verbale („Dirty Jew",[210] „Dirty Jids" bis hin zu „Jews, we will screw you, we will massacre you, you Yids, we will massacre you all!"[211] und „Hitler did not finish what he began, but we will finish his work, and you will end up in the ovens... Dirty wore...Dirty Jew!"[212]), sondern auch physische Attacken bis hin zu Morddrohungen gegen Mitschüler jüdischer Herkunft ausführen: .[213] Damit müssen sich Theologen durchaus den Vorwurf einer fachspezifischen Arroganz gefallen lassen, denn er ist an dieser Stelle angebracht. Letztendlich ist zurecht bei vielen kritischen Bürgern der Eindruck entstanden, die beiden Großkirchen zielen in ihrem Bemühen im Prinzip darauf aus, ihre eigenen Pfründe zu erhalten und sich mit ihrer „interkulturellen Toleranz" selbst zu beweihräuchern, um als Gutmenschen dazustehen, anstatt sich rational-pragmatische Gedanken zu einer sachlichen Einwanderungs- und Integrationspolitik zu machen – und laufen dabei zuweilen Gefahr, sich von extremistischen und antisemitischen Strömungen vor den Karren spannen zu lassen. Für solche theologisch-interkulturellen Gutmenschen-Spielchen gibt es aber zu zahlreiche ungelöste Probleme in

---

210 Georges Bensoussan, Antisemitism in French Schools. Turmoil of a Republic. The Hebrew University of Jerusalem. The Vidal Sassoon International Center fort he Study of Antisemitism. No. 24, 2004, S. 10f.
211 Bensoussan, a .a.O., S. 12.
212 Bensoussan, a.a.O.
213 Georges Bensoussan, Antisemitism in French School, a.a.O..

der Bundesrepublik und zunehmend weniger finanziellen Spielraum. Prioritäten setzen heißt in diesem Fall auch, dass sich so mancher entsprechend engagierte Theologe oder Pädagoge zunächst konkrete Gedanken über die Voraussetzungen eines solchen Dialogs oder Engagements macht und sich über die eigenen Zielsetzungen seines Tuns im Klaren wird. Christliche Theologen und Theologinnen täten gut daran, sich vor ihren Aktivitäten im Bereich interreligiöser Verständigung mit der kritischen Literatur entsprechender Wissenschaftler und Wissenschaftlerinnen aus dem islamisch geprägten Kulturraum kundig zu machen, die einen anhaltenden harten Kampf gegen überkommene und durch das religiöse Gesetz der Scharia betonierte Ungleichbehandlung führen und in jeder Hinsicht moderne, progressive Ansätze versuchen oder versucht haben.[214] Leider machen christliche Theologen und Theologinnen seit Beginn des interreligiösen Dialogs den fatalen Fehler, sich in demselben in der Regel ausschließlich mit, leider meist konservativen bis reaktionären, muslimischen Theologen abzugeben und betonieren damit selbst das, was Roswitha Badry exemplarisch in der literarischen Analyse des iranischen Bestsellerromans *Sawuschun* von Simin Daneshwar schildert: „Die Anti-Heldin, Frau Fotuhi, die den blinden Gehorsam gegenüber patriarchalen Normen zurückweist und ihrem Wunsch sich auszudrücken, schließlich in einem Akt der physischen und literarischen Entschleierung nachgibt, wird für verrückt erklärt. Ihre Autobiographie übergibt sie der Heldin des Romans; diese wiederum vertraut sie dem Bruder des Opfers an, der die Handschrift in einem Schließfach verwahrt, zu dem allein er, d. h. derjenige, der seine Schwester ins Irrenhaus eingeliefert hat, den Schlüssel besitzt. – Eine vielsagende Parabel!"[215]

Um politisch unkorrekt das Ganze zuzuspitzen, möchte ich zum Schluss Frank Vanhecke, einen Politiker der rechtsradikalen belgischen Partei des „Vlaams Blok" bzw. „Vlaams Belang" zitieren, der für ein Ende der „Knutschpolitik hinsichtlich Ausländern" nach dem Mord an Theo van Gogh plädiert: „Am 9. November (2004) wurde entschieden, ob die Meinungen in diesem Land noch frei sind, ... ob die multikulturelle Gesellschaft echte freie Meinungsäußerung erträgt. In den Niederlanden wird diese freie Meinungsäußerung von religiösen und politischen Fanatikern mit Revolvern be-

---

214 Hierzu Roswitha Badry „Auf der Suche nach Authentizität und Autonomie. Feminismen in der islamischen Welt am Beispiel Irans", in: Feminismen – Bewegungen und Theoriebildungen weltweit, S. 129ff.
215 Badry, a.a.O., S. 145.

droht. Im eigenen Land bleiben die Waffen vorläufig noch in der Schublade."[216]

Diese Reaktion ist ein anschauliches Beispiel dafür, wie sich beide Seiten angesichts einer gewalttätig ausgeführten Auseinandersetzung um Wertvorstellungen hochschaukeln und zu eskalieren drohen. Es sei darauf hingewiesen, dass der rechtsradikale belgische „Vlaams Belang" hier politisch Partei nimmt für einen Künstler, der sich für die Rechte von Frauen und gegen religiös motivierte Unterdrückung derselben einsetzte und sich keine Zensur von „politisch Korrekten" vorschreiben ließ. Ob dies ausschließlich politisches Kalkül war, entzieht sich meiner Überprüfung.

---

216 Vanhecke nimmt hier sowohl Bezug auf das Urteil gegen den Vlaams Blok als auch die Beerdigung Theo van Goghs, die beide am 9. November 2004 stattfanden. Vgl. hierzu Joachim Fritz-Vannahme „Heiliger Krieg in Antwerpen" in: Die ZEIT, a.a.O., S. 20.

Literatur:

Aldeeb Abu Sahlieh, Sami A., Verstümmeln im Namen Yahwes oder Allahs. Die religiöse Legitimation der Beschneidung von Männern und Frauen. CIBEDO-Dokumentation 2 (1994), Frankfurt am Main.

Aslan, Adnan. Geschlechtserziehung in den öffentlichen Schulen und die islamische Haltung. Schriftenreihe zur islamischen Erziehung Bd. 1. Institut für islamische Erziehung, Stuttgart, 1996.

Aslan, Adnan. Vortrag zu Erziehungsfragen. Internet: http://www.isiz.de/SEX.htm. Internet: 12.08.2002.

Ates, Seyran. Große Reise ins Feuer. Die Geschichte einer deutschen Türkin. Rowohlt Verlag, Berlin 2003.

Auffarth, Christoph „Dialog der Religionen. Vom Dialog vor dem Dialog", in: Religion in der schulischen Bildung und Erziehung: LER – Ethik – Werte und Normen in einer pluralistischen Gesellschaft. Berlin Verlag, 1999.

Badry, Roswitha „Auf der Suche nach Authentizität und Autonomie: Feminismen in der islamischen Welt am Beispiel Irans", in: Feminismen – Bewegungen und Theoriebildungen weltweit. Freiburger FrauenStudien, Zeitschrift für Interdisziplinäre Frauenforschung. Ausgabe 2, Jahrgang 5, 1999.

Bauer, Katja „Nazis leben nicht auf dem Mond". Wie Rechtsextremisten um Straßen und Köpfe kämpfen. In: Stuttgarter Zeitung Nr. 241 vom 16.10.2004.

Bensoussan, Georges. Antisemitism in French School. Turmoil of a Republic. The Hebrew University of Jerusalem. The Vidal Sassoon Internationale Center for the Study of Antisemitism No. 24, 2004.

Bielefeldt, Heiner. Philosophie der Menschenrechte. Grundlagen eines weltweiten Freiheitsethos. Wissenschaftliche Buchgesellschaft Darmstadt, 1998.

Böhm, Andrea „Harmonie der Kulturen?" in Die ZEIT Nr. 11 vom 09.03.2000.

Busche, Andreas „Punk oder türkische Folklore?" in: Die ZEIT Nr. 12 vom 11.03.2004.

CIBEDO-Dokumentation Nr. 11 (1981): „Abtreibung im Islam". Christlich-Islamische Begegung – Dokumentationsleitstelle, Frankfurt am Main.

Duden – Das Große Fremdwörterbuch.

Dupret, Baudouin, „L'affaire Abu Zayd, universitaire poursuivi pour apostasie. Le procès: L'argumentation des tribunaux." In: Monde Arabe – Maghreb-Machrek No. 151, Janvier-Mars 1996.

El-Baradie, Adel. Gottes-Recht und Menschen-Recht. Grundlagenprobleme der islamischen Strafrechtslehre. Nomos-Verlagsgesellschaft, Baden-Baden 1983.

Farah, Madelain. Marriage and Sexuality in Islam. A Translation of al-Ghazali's Book on the Etiquette of Marriage from the Ihya'. University of Utah Press, (Übersetzung des 12. Buches von al-Ghazali's „Ihya' ‚ulum ad-din").

Fritz-Vannahme, Joachim „Heiliger Krieg in Antwerpen" in: Die ZEIT Nr. 48 vom 18.11.2004.

Grözinger, Karl, Gladigow, Burkhard, Zinser, Hartmut (Hrsg.), Religion in der schulischen Bildung und Erziehung. LER – Ethik – Werte und Normen in einer pluralistischen Gesellschaft. Berlin: Berlin Verlag Arno Spitz GmbH, 1999.

Halm, Heinz. Der schiitische Islam. Von der Religion zur Revolution. Beck/München 1994.

Halm, Heinz. Der Islam. Geschichte und Gegenwart. Verlag C. H. Beck/München, 4. Auflage 2002.

Harwazinski, Assia Maria. Islam als Migrationsreligion. Vom Umgang der Deutschen mit ihrer muslimischen Minderheit am Beispiel der Region Stuttgart. Tectum Verlag Marburg, 2004.

-„-, „Beschneidung", in: Metzler-Lexikon Religion, Bd. 1. Verlag J. B. Metzler, Stuttgart/Weimar, 1999.

Hauer, Stephanie „Über das Erzieherische" von Martin Buber", Hausarbeit im Fach Erziehungswissenschaft, WS 2002/2003 – Seminar Bergler/Schneider, Einführung in die Grundfragen der Erziehung.

Heidarpur-Ghazwini, Kulturkonflikt und Sexualentwicklung. Sexualentwicklung islamischer Heranwachsender in der Bundesrepublik Deutschland. AFRA-Druck-KA-RO Frankfurt am Main, 1986.

Herkendell, Beate „Schmutzige Gedanken", in: Die ZEIT Nr. 3 vom 09.01.2003.

Islamrat für die Bundesrepublik Deutschland – Selbstdarstellung. http://www.islamrat.de/selbst/mitglied.html. Internet:.08.2002.

Islamrat für die Bundesrepublik Deutschland – Veranstaltungen. Forum-Islam. http://www.islamrat.de/veranstaltungen.html. Internet: 29.04.2004.

Khan, Sir Zafrullah, Die Frau im Islam. Verlag Der Islam, Frankfurt am Main, ohne Erscheinungsjahr (Organ der Ahmadiyya Muslim Jamaat, Zentrale für Deutschland, Nuur-Moschee, Frankfurt).

Krawietz, Birgit. Die Hurma. Schariatrechtlicher Schutz vor Eingriffen in die körperliche Unversehrtheit nach arabischen Fatwas des 20. Jahrhunderts. Duncker & Humblot, Berlin 1991.

Kriesel, Peter. Anmerkungen zum Beitrag der Religionswissenschaft für die Allgemeinbildung. In: Religion in der schulischen Bildung und Erziehung. LER – Ethik, Werte und Normen in einer pluralistischen Gesellschaft. Berlin, 1999.

Lange, Christian, Artikel „Prostitution" in: Metzler-Lexikon Religion Bd. 3, Verlag J. B. Metzler Stuttgart-Weimar, 2000.

Mainka, Iris „Erziehen Üben!" in: Die ZEIT Nr. 44 vom 21.10.2004 (Dossier).

Mernissi, Fatima. Beyond the Veil. Male-Female Dynamics in a Modern Muslim Society, New York 1975.

Metzler Lexikon Religion Bd. 1, Bd. 2 und Bd. 3, Metzlersche Verlagsbuchhandlung und Carl Ernst Poeschel Verlag GmbH, Stuttgart, 1999-2000.

Mönninger, Michael „Raufereien mit Trikolore" in: Die ZEIT Nr. 5 vom 22.01.2004.

Müller, Jürgen, „Systematische Unterwanderung" in: Süddeutsche Zeitung vom 21.09.2004 (zur Anhörung im Bundestag zum Thema „Islamismus").

Oehler, Christina, Kulturelle Brücken zur Welt des Islams. Ein Beitrag zur interkulturellen Pädagogik in kulturgeschichtlicher Perspektive. Dissertation, Karlsruhe 2000.

Pazarkaya, Utku „Islamische Grundschule" in: Stuttgarter Nachrichten vom 15.03.1999.

Pädagogisches Konzept des Halima-Kindergarten e. V., 2001. Freundliche Überlassung von Birgit Hohlweck, Tübingen, 2001.

Projekt Partizipation der Landeshauptstadt Stuttgart (gefördert von der EU): Unser Praxishandbuch. Muslimische Kinder in Stuttgarter Tageseinrichtungen für Kinder. Ein Projekt der Landeshauptstadt Stuttgart in Zusammenarbeit mit den Fachberatungen der kirchlichen und städtischen Einrichtungen sowie Eltern aus islamischen Vereinen. Druckvorlage Stand 19.01.98.

Religionsgemeinschaft des Islam - Landesverband Baden-Württemberg e. V. Unser Praxishandbuch. Muslimische Kinder in Stuttgarter Tageseinrichtungen für Kinder.

http://home.t-online.de/home/dialog.forum/phinhalt.htm. Internet: 12.08.2002.

Riesebrodt, Martin. Fundamentalismus als patriarchalische Protestbewegung: amerikanische Protestanten (1910-28) und iranische Schiiten (1961-79) im Vergleich. J. C. B. Mohr (Paul Siebeck), Tübingen 1990.

Schmid, Katja, „Zu viele Köche verderben den Brei" in: Stuttgarter Zeitung vom 24.07.1999.

Schmitt, Arno. Bio-Bibliography of Male-Male Sexuality and Eroticism in Muslim Societies. Verlag Rosa Winkel, Berlin 1995.

Schüle, Christian. „Sünder im Talar" in: ZEIT Nr. 20/08. Mai 2002 – Dossier.

Schultze, Herbert (ed.), Islam in Schools of Western Europe. An Example of Intercultural Education and Preparation for Interreligious Understanding. Böhlau Verlag Köln, Weimar, Wien, 1994.

Schwäbisches Tagblatt vom 03.04.2001: „Modellversuch gekippt. Keine Mehrheit für islamischen Kindergarten".

SPIEGEL Nr. 40 vom 29.09.2003: „Das Prinzip Kopftuch. Muslime in Deutschland".

Stöbe, Axel. Die Bedeutung des Islam im Sozialisationsprozeß von Kindern türkischer Herkunft und für Konzepte interkultureller Erziehung. E. B.-Verlag Hamburg, 1998.

Stuttgarter Zeitung vom 19.06.2004: „Filmpreis in Gold für „Gegen die Wand".

Taubitz, Udo „Ich bin kein Gastarbeiter, ich bin Deutscher" in: Stuttgarter Zeitung vom 20.03.2004.

Tellenbach, Silvia. Strafgesetze der Islamischen Republik Iran. Max-Planck-Institut für ausländisches und internationales Strafrecht, Freiburg i. Br. Walter de Gruyter Berlin/New York, 1996.

Watt, W. Montgomery/Welsh, Alford T., Der Islam I. Kohlhammer Verlag, Stuttgart 1980.

Wulf, Christoph/Merkel, Christine. Globalisierung als Herausforderung der Erziehung. Theorien, Grundlagen, Fallstudien.

www.ingramcontent.com/pod-product-compliance
Lightning Source LLC
Chambersburg PA
CBHW031223230426
43667CB00009BA/1448